了不起的

头脑体操

天才俱乐部

〔日〕多湖辉 著 〔日〕水野良太郎 绘 安伊文译

人民文学出版社
PEOPLE'S LITERATURE PUBLISHING HOUSE

著作权合同登记：图字 01-2022-5004 号

ATAMA NO TAISOU DAI 5 SHUU
TENSAI NO PARTY NI SANKA SHIYOU

图书在版编目（CIP）数据

天才俱乐部 / (日) 多湖辉著 ; (日) 水野良太郎绘;
安伊文译. —— 北京 : 人民文学出版社, 2023
（了不起的头脑体操）
ISBN 978-7-02-017626-7

Ⅰ.①天… Ⅱ.①多… ②水… ③安… Ⅲ.①儿童故
事 - 图画故事 - 日本 - 现代 Ⅳ.①I313.85

中国版本图书馆CIP数据核字(2022)第224280号

责任编辑　卜艳冰　　贾芳凝
装帧设计　汪佳诗

出版发行　人民文学出版社
社　　址　北京市朝内大街166号
邮政编码　100705

印　　制　山东临沂新华印刷物流集团有限责任公司
经　　销　全国新华书店等

字　　数　87千字
开　　本　787毫米×1092毫米　1/32
印　　张　6.25
版　　次　2023年1月北京第1版
印　　次　2023年1月第1次印刷

书　　号　978-7-02-017626-7
定　　价　39.00元

如有印装质量问题，请与本社图书销售中心调换。电话：010-65233595

前 言

　　各位读者朋友，大家还好吗？自《打开电视机》之后，我和大家有一段时间没见了。今天给大家带来一个好消息：《天才俱乐部》的出版指日可待！并且，这一集是一场来自世界各地的天才的俱乐部活动，邀请读者朋友一起来参加。

　　说到天才，想必令很多读者心生胆怯了吧?

　　确实，天才中，智商达到 185 乃至 200 以上的大有人在，也许我们不是他们的对手，但是也不用太担心。经历了"了不起的头脑体操"训练的各位，即使自己没有感觉到，你的头脑也一定已经得到了充分的训练。所以，请你自信满满地来参加吧！

　　"了不起的头脑体操"出版以来，日本的形势发生了巨大的变化。政治、经济、文学、艺术……几乎所有领域的变化都无法用已知经验来预测。

　　除了商务人士，无论是政治家、学生、大人，还是孩子、男人、女人，为了适应新时代的潮流变化，都迫切需要转换自己的思维模式。生意往来的方式变化了，连考试的方式也变化了，不是吗？

　　从今往后，如果不是头脑足够柔软、创造力足够丰富的人，很可能会被社会淘汰。并且，日本已经迎来了老龄化时代，老龄化的速度在全世界范围内也数一数二。在这样的大环境下，要保持年轻的头脑，该怎么做呢？

　　此外，日本虽已跨入了发达国家的行列，持有发达国家的技术和知识，但同时还肩负着为世界各国人民提供新知识和新技术的使命。我们该为此做些什么？想得越多，我越觉得我们应该具有柔软的头脑来应对种种状况。

　　总之，我的课题是，如何让我们的头脑始终保持新鲜，以及如何开发新时代所需的创造性头脑。在思考这一课题的过程中，我注意到了天才们的思考方式。

在漫长的历史中，人类每一次生活和意识的改变、每一次心灵的更为丰饶，几乎都挑战了看似不可能的人类创造力的极限，并取得了胜利。

我开始研究起天才们。只要能和他们展开对话，就有可能接近他们的世界，哪怕一步、半步也好。抱着这样的想法，我开始了尝试。

天才不是神，也并非来自外星球。与我们一样，他们出生在地球上，是人。如果努力训练，我们虽是凡人，但也应该与天才不是两个世界的人——我就是这么想的。那么，应该采用哪种训练或是努力的方法呢？我觉得，"了不起的头脑体操"便是最有效的方法。

此次新收录的问题，不是稍稍动点儿脑筋就能解决的。回答这些问题需要从外到里、从上到下地思考，有时还要从二维空间向三维空间、四维空间展开。当然，也有不少题目的答案并没有隐藏太深。通过解答这些题目，偶尔也能让我们的头脑被残酷地磨炼一番。即使不能说我们和天才的头脑因此变得完全一致，至少也能尽可能地接近了。

当然，书中收录的逸事有些只是传闻，为了给这场"天才俱乐部"增添一些趣味。天才们的精神分析也带有一定主观色彩，现实中如有自闭、躁郁等症状，首先还应及时就医，严肃对待。

《了不起的头脑体操：天才俱乐部》由此诞生，让我们开始给久未运动、变得僵硬的大脑肌肉松松筋骨吧。

最后，向在本书制作过程中提供了大力支持的芦原伸之先生表示衷心的感谢

多湖辉

目　录

开幕词————何谓天才的思考方式?

挑战八十名天才吧!

让天才们跨越时空汇聚一堂,互相出题,参与"头脑体操"的竞演——然后,读者和作者也一起参加这场狂欢——这是我多年的梦想。没想到这么快,梦想就通过这本书实现了。

我从很久以前就开始对"天才"的存在抱有深刻的兴趣:他们为什么会有那么突出的才能?那是与生俱来的还是后天养成的?我们通过努力和训练,是不是也能拥有他们那样的能力?如果能的话,该如何努力?该做何种训练?总之,关于天才的一切我都想知道。但恐怕穷尽一生的研究,我还是无法完全解开天才之谜。天才的存在,对于我等普通人来说是如此的伟大。

自古以来,对于天才有两种完全不同的看法。一种看法认为,天才具有超出常人的能力,所以说他们是"特异的人"也未尝不可。也就是说,天才是一般人难以达到的存在。与此相对，另一种看法认为，天才之所以拥有出众的创造力及灵感，只是因为他们比常人更努力，所谓天才只是特殊的普通人。

这两种看法孰对孰错并无定论，但是，天才的灵感和创造力的确超出了常人所能达到的极限，这也是事实。

老实说，我越是努力，越是觉得自己不可能达到天才的程度。但也正因为如此，我更加不认为作为普通人的一切努力和训练是无意义的。托尔斯泰说："天才是具有异常忍耐力的人。"爱迪生说："天者是99%的努力加上1%的灵感。"罗丹说："天才？哪儿有什么天才？无非是学习、方法，以及不断的计划而已。"

即使无法成为天才，如能向他们靠近一些，哪怕一步、半步也好、也应该努力尝试，在那条道路上前行。那个时候，我们将会发现与现在完全不同的自己。我在邀请各位读者参加天才俱乐部之前，想要借这个机会阐述一下何谓天才、天才与我们到底有什么样的关系，以及向大家说明这本书对我们的头脑活动来说到底有什么样的意义。

你离天才有多近?

首先，我们从天才的定义出发，来谈谈这个问题。心理学家宫城音弥从才能方面将人分成五种类型，其互相之间的关系用图1所示。这五种类型，分别被称为天才、能才、凡才、无才、异才。

图1

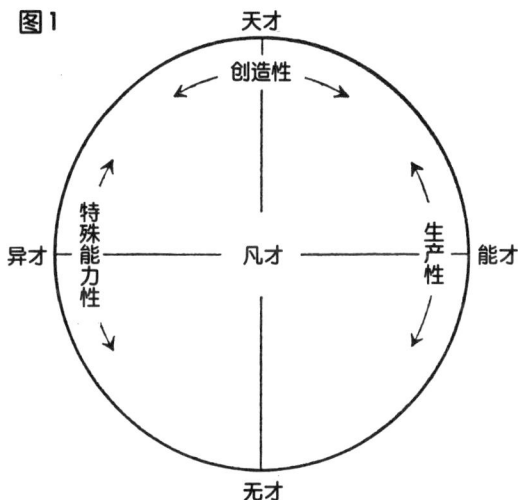

其中，"异才"是指拥有普通人没有的特殊才能的人。比如，对于"某个数的三次方加上这个数的二次方的5倍，等于这个数的42倍加上40，这个数是多少"这道题，用公式来表示的话，是"$x^3+5x^2=42x+40$"，求"x"。一个只有十四岁零四个月的羊倌被问到这道题的时候，用了不到一分钟的时间就答出了"5"。不用说，答案当然是正确的。这样的才能，在一个人的某个年龄段会表现得比较突出，而纵观这类人的整个生命历程，这种特殊才能会随着年龄增长而不断发展的人则极为稀少。

现在来说说能才。所谓能才，通常是指那些头脑灵敏、机灵能干的人。他们会想出极好的点子，创造出很多新事物。并且，能才的创造性与社会的适应性并不矛盾，他们创造出来的新事物能很好地被社会运用。

宫城先生认为，能才与天才的区别在于，天才并不考虑社会的适应性。即，他们同样是创造新事物的人，但创造分为有意识的和无意识的。宫城先生说："天才，由于其个性的乖僻，即他们不会考虑社会适应性，虽然是具有创造性的人，但是他们创造的新事物，并非诞生于健康及和平的精神下。这种容易引起社会波动的非习惯性的思维方式，并不应提倡。"

对于宫城先生的观点，我大体上表示赞同。但是我将"异才"去掉，在"天才"与"能才"之间加了"超才"，或者称为"准天才"。用图 2 来表现。

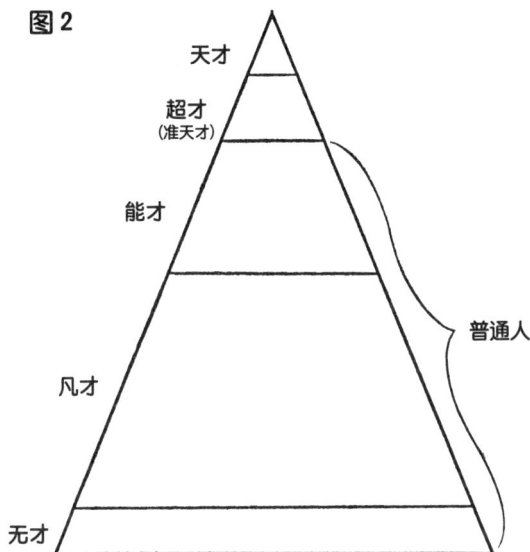

图 2

我之所以将"超才"特别列出，是将那些同样从事极具创造性的工作，但社会适应性却不及"能才"的人，与"能才"区分开。在一流企业创始人、一流艺术家和作家中，这样的人意外的多。

这么看来，我们普通人比较容易到达的程度，也就是"能才"了。"超才"的身上往往有一些古怪的特质，这是我们"普通人"所无法企及的，但是其思维和想法却是我们有可能达到的。我所考虑的，正是我们通过努力和训练能到达怎样的领域。

因此，我试图探寻的是，如何让我们努力和训练的方向尽可能接近被称为人类极限状态的"天才"，去接近他们的精神构造。

培育"好奇心"和"探求心"

如果说"天才"的最大特征是"创造性"的话，那么他们创造的源泉来自哪里呢？让我们从创造的过程入手，剖析一下他们的精神构造吧！

在探索天才的经历时，我首先关注到的是他们非同一般的"好奇心"和"探求心"。如果说得再清楚一些，也可以说成是"发现问题的锐利目光"和"对于现实的违和感的敏锐感受"。毋庸置疑，"创造"是从"发现问题"开始的。我们总是在无意间忽视现实世界中的规则或反规则，但天才们能以锐利的目光去发现哪怕极其细小的方面。就像我们所熟知的牛顿发现万有引力的故事，司空见惯的现象背后蕴藏着的问题本质正是被天才的锐利目光所捕捉到的。

有这样一个故事，富尔顿曾进行过一项在超低温的条件下测量固体氦的热传导度的实验。但是，测量出来的固体氦的热传导度的数值是当时公认数值的五百倍。他觉得不可思议，再做了一遍，得到的还是同样的结果。他虽然心存疑虑，但并未继续实验下去。数年之后，英国的一位年轻的化学家发明了一种新的热传导度的测量方法，测定的结果是，之前公认数值的五百倍的数值才是正确的。听到这一结果的富尔顿后悔莫及。他说："我那个时候，为什么就不觉得我测出的数值也许是正确的呢？如果那个时候，我能摘下'习惯'的帽子，戴上'创造'的帽子……"

即使富尔顿这样的人也难以突破常识的框架。但是当大部分的天才感觉到与事实不同的违和感时，仍然会遵从自己的感觉，从而发现新事实或新法则。

培育强烈的自我

天才的第二个特征是，他们都具有鲜明的、强烈的自我意识以及坚定的意志。换句话说，他们具有超出一般程度的执着，以及极强的集中力和持续力。

当发现问题时，天才们会忘记周围的一切，专注于那个问题。他们的头脑24小时被那个问题所占据，所有能量全部集中在此。一次次的失败也无法让他们放弃，世人的诽谤和妨碍也丝毫阻挡不了他们。正如诗人但丁所说，"走自己的路，让别人去说吧"。

自始至终，他们都充满强烈的自信和坚强的意志，坚持自己的信念。有时，他们的行动异常激烈，会让我们联想到"偏执"。所谓偏执，是一种意志过于强烈的体现，一旦要做什么，无论多难都一定要做成。他们形成信念的核心是"妄想"，这是一种病态的行为。天才的思想经常超出常人所能理解的范围，被认为是"怪人"的也不少。有一种说法是"偏执即是未成功的天才"，看来也不无道理。此外，还有一种类型的天才，与上述有着强韧意志力的天才不同，他们对于某种专一工作的热情，是他们创造能量的源泉。

歌德反省自我，吟出了"天才的青春是可以重复的"。

他具有典型的躁郁气质，每七年就会迎来一轮激烈的感情高昂期，他恋爱、创作，那颗心如同年轻人一般燃烧。他自己也不知道这种创造的能量到底从何而来。

利用自闭性格和狂躁状态

天才之所以为天才，除了善于发现问题、具有不屈的精神、拥有创造的能量以外，还因为他们具有天才所独有的独创性以及敢于打破常识框架的独特的想象力。

我将这些特性与天才的人格相关联，总结出以下两种类型。一种是以分裂质或综合失调征为基调的Ｓ型。另一种是以躁郁气质或躁郁病为基调的Ｚ型。

Ｓ型的特征与综合失调征特有的"自闭性"有着深刻的关联。自闭，是无视周围的色彩，而只囿于自己的内心。患有综合失调征的大部分人与现实的世界会有强烈的违和感。对于现实世界中的一切事物，对于自己生活着的世界所发生的一切都毫无实际的感觉，从现实的世界中游离开、孤立开，那正体现了自闭性。

换而言之，Ｓ型人的想法起源于与现实无关的、他们独有的精神领域，有时会超越世俗的常识，有可能具有极高的创造性。综合失调征的患者有时会有"词语新造"的症状，他们会创造出正常人完全无法理解的文字或语言，因此自闭性也可以被视作带有一定创造性的病态。

总之，天才和超才中的很多人具有这种自闭性格，这是不争的事实。

那么，与S型完全相反的Z型，是通常所说的具有才能、充满想法的人。

在我们的日常生活中，有的人喝了酒之后会文思泉涌，有的人会莫名其妙地亢奋，在进入躁郁的状态时，自由奔放的灵感会一个接一个地迸发出来。一般来说，进入躁郁状态时，他们头脑的思维活动活跃，使妨碍头脑自由活动的框架松动，促进了自由的想象。特别是联想功能的活跃，使得各种知识和经验在头脑中得以交会。

躁郁症的患者说出来的话看似支离破碎、毫无意义，其实这与他们联想的活跃化有极大的关系。

这样看来，躁郁的状态对于扩散性思维来说是个有利的条件，大量的想法由此产生。这有时会催生出天才，但我更愿意把这种人称为"能才"。因为这种类型的人和 S 型不同，他们无法忽视大的框架下的现实来实现自我的超越。

躁郁症的人，虽然有时处于极端的状态中，但他们能感受到与现实的接触以及与常人内心的沟通。从这一点来说，与其称他们为"大天才"，不如称为"主意型天才"。

从以上对于天才的精神构造的分析可以看出，我们想要接近天才并非全无可能。让我们一边做着头脑体操，一边思考以下的问题。

接近"天才"的技巧

首先，第一个方式是拥有好奇心，掌握发现问题的技巧。这始于对所有事物"有意识"地"发现"。如果"视而不见"，没有发现问题的意识，那我们对于现实世界中的任何事情都会看不见。尝试带有疑问地去观察事物，哪怕只有一点点，研究到底，或许会意外地获得创意的萌芽呢！

曾经有人说我总是抱着否定现状的态度，可许多问题正是从这种勇于否定现状、试图转换视角的思考方式中被发现的。如果觉得发现问题实在太难，那就强行自己设定问题——创造的第一步，就是从这里开始的。我相信，这本书对于这一类问题的发现提供了良好的启发。

接下来，是拥有解决问题的执念。这除了每个人自身的努力之外，别无他法。能让读者享受努力的过程，是本书的一大优势。现代人对于任何事情，都倾向于还没来得及好好思考就匆匆结束了。因此我希望读者们在看这本书的时候，至少在限制时间之内能够认认真真地思考。这样的话，终有一天，你会沉迷于解决问题。

第三点，自闭性和躁郁状态，要有意识地去实现是比较困难的，但是我们可以运用已知的技术，强制自己的思维扩散或逆转。具体的方法之前已有介绍，不再赘述。不可否认的是，确实，所谓开发灵感的方法在天才的头脑中是自然而然的，而在普通人的头脑中却需要有意为之。此外，我在"头脑体操"系列中提出的问题，都是经过精挑细选的，希望读者们能够通过这些问题，思考所谓的"极限状况"，加强对于远端关系的把握，加强反向联想的训练。总之，穷尽一切可能，掌握追求无限思维的技术。

我相信，通过与这些问题的亲身对战，读者们的头脑必定会达到前所未有的灵敏，向着自由豁达的创造性思维的世界迈出新的步伐。

不知不觉说了那么多关于天才的话，想必天才欢聚的俱乐部已经准备就绪了。那么，读者们，让我们立刻携手参加这个伟大的世纪天才俱乐部吧!

1. 帕斯卡的房间

俱乐部邀请函

天才们大抵以自身超群的智商为傲。那么多天才突然蜂拥至这个高智商人群俱乐部，真有点儿措手不及呢！作为东道主的帕斯卡正手忙脚乱时，收到了心理学家科克斯的一份贵重的资料。

"伏尔泰在摇篮中作诗"，"莫扎特五岁时就能记谱，短曲只需三十分钟，长曲也只需要一个小时就能记住，然后能带着感情将曲子弹奏出来"……科克斯详细分析了这类资料，并据此推测来参加的天才们的智商。

然后，根据这份智商列表，科克斯分出了两个级别。持有超人智商的"极端组"集中在帕斯卡的房间中，而智商仅超出常人的被称为"超越组"，集合在牛顿的房间。当然，科克斯的这种推定法并非完全正确，受到了与会者的强烈质疑。但是为了聚会能早一点儿开始，也就只能先这样了。

大家都是拥有超群智慧的人，要认真出起题来，可真让人为难呢！所以题目的难度还是适中的，不过高质量的问题也的确不少。

问**?**题

我对于应不应该参选议员的事情犹豫不决，于是找来两位有名的占卜师询问能否入选。

A说："如果用我的话，有60%猜中的可能性。"

B说："如果用我的话，有30%猜中的可能性。"

于是，我决定用B。请问为什么?

答案

因为将 B 的话反过来听，就是有 70% 的猜中的可能性了。

☆**穆勒的建议**

B 的判断是有 30% 的可能性猜中，即有 70% 的可能性猜不中。也就是说，将他说的话反过来听，可能性就达到 70% 了，在二者选一的条件下，比 A 的 60% 的可能性要高。一种判断，当将它反过来理解时，可以看到原来看不到的东西。

☆**穆勒逸事**

穆勒（1806—1873），英国经济学家。

他从幼年开始接受父亲严格的教育，八岁学习拉丁语和数学，并研读柏拉图的原著。在东印度公司工作了三十五年之后，穆勒在近六十岁时当选了议员。在第二次选举时，他的口号是："不参加选举活动，不出选举费用，即使当选也不为当地谋福利。"毫无悬念，他落选了。

问**？**题

自从提出地动说之后，我对于圆的东西格外感兴趣。

在一个赛马场中，A马沿着赛道一分钟能跑两圈，B马跑三圈，C马跑四圈。A、B、C三匹马同时从起跑线开始向同方向跑，三匹马下一次在起跑线处相遇是在几分钟后？

![答案]

一分钟后。这个时候，A 跑了两圈，B 跑了三圈，C 跑了四圈。

- ☆伽利略的建议

  啊，最小公倍数的问题！贸然回答"十二分钟"的人，显然审题不足。熟知的知识容易被用在类似的问题上，殊不知就会踏入思考的陷阱。

- ☆伽利略逸事

  伽利略（1564—1642），意大利科学家。

  哥白尼并未受到异端的迫害，安详地度过了余生。而出生在从文艺复兴时代向近代过渡的伽利略晚年却很悲惨。七十岁的时候，他因地动说被宗教裁判所判为异端而受到拷问。在教会的绝对权力面前，他屈服了。教会甚至不允许他的遗体埋葬在墓地，不允许为他建立纪念碑。他曾提出海水的潮汐现象是能证明地动说的决定性证据，但实际上这是不成立的。

"2、9、4" "7、5、3" "6、1、8" 组成的方阵被称为魔方阵，因为横、竖、斜向的数字之和都是"15"。那么，想要做一个和为"16"的魔方阵，该填入什么数字？注意，9 个数不能重复。

如图。

$6\frac{1}{3}$	$7\frac{1}{3}$	$2\frac{1}{3}$
$1\frac{1}{3}$	$5\frac{1}{3}$	$9\frac{1}{3}$
$8\frac{1}{3}$	$3\frac{1}{3}$	$4\frac{1}{3}$

● ☆笛卡尔的建议

三个数字之和比普通的魔方阵大"1"，也就是把"1"分成三等份，这样就应该能发现答案不是整数而是分数。如果认为"1"是最小的数字单位，就容易落入本题的陷阱。最大限度地利用已知的事物，这个想法是很重要的。

● ☆笛卡尔逸事

笛卡尔（1596—1650），法国哲学家。

据说，每次思考重大事情之前，笛卡尔都要抡上几回木棒，做做热身。五十四岁的时候，他受瑞典女王克里斯蒂娜之邀，拖着羸弱的病体，每天早上很早就开始与女王讨论学问，结果因肺炎客死他乡。他的死因，据当时给他诊断的医生说，是由于当时很流行的放血疗法（扎破静脉，放出"坏血"的一种疗法）使用过度导致的。

我擅于描写社会底层生活。

在英国，任何一个家庭都不缺煤气、水和电。现在假设 G、W、E 分别是煤气、自来水和电力公司。这三家公司的管道要分别铺设到 A、B、C 三家。管道在图上不可交叉，请问该怎么办？

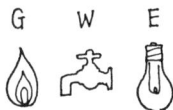

G　W　E

A　B　C

有很多种方式，图中给出的是其中一种。

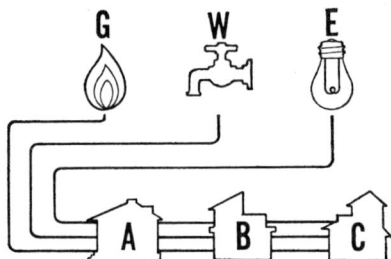

☆狄更斯的建议

这是一道有名的拓扑学问题。不把A、B、C作为"点"，而是作为"面"来考虑的话，这道题就很简单了。首先回想一下现实情况，这是所有思考方法的根本。

☆狄更斯逸事

狄更斯（1812—1870），英国作家。

狄更斯的生活极其困窘，他的父亲因负债被捕入狱，他无奈只能在中学二年级时辍学，进入鞋油工厂当学徒。但是他给人的印象始终是充满活力的，坚强犹如钢铁一般。据说他光构思《双城记》这个书名就花了两三个月。动笔之前，他向作家卡莱尔借参考书，结果从卡莱尔那里借来的书，整整装了两大板车。

我的作品《悲惨世界》，在日本好像被翻译成了《啊，无情》。这么说也没错，钱这个东西确实挺无情的。

现在，这里有 1 个 100 日元的硬币，2 个 50 日元的硬币和 3 个 10 日元的硬币，那么一共可以买多少种金额的东西？

答案

230 种。

"人是一根会思考的芦苇"，这是我的名言，但其实，我作为一名数学家也是很优秀的。我们来看看下面这道题。

有两个沙漏，计时时间分别为6分钟和8分钟，如何用它们来计时10分钟？沙子的流速在同一条件下相同，沙漏被翻转的时间不计。

答案

　　先同时用两个沙漏开始计时，当6分钟的沙漏计时空了的时候立即翻转。当8分钟的沙漏计时空了的时候，立即将6分钟的沙漏再次翻转，这时里面的沙子正好可计时2分钟。然后，用8分种的沙漏加上这2分钟的计时，就可以计时10分钟了。

● ☆帕斯卡的建议

●　　重点在于沙子下落2分钟之后再次被翻转，用来作2分钟的计时。将已经被丢弃的东西再次加以利用，是思考的盲

● 点。此外，还有其他办法，如果有时间的话，请好好想一想。

● ☆帕斯卡逸事

●　　帕斯卡（1623—1662），法国思想家。

●　　无论何时，无论遇到什么事，真理是帕斯卡唯一的追

● 求。他的思想来自父亲的教育和培养。帕斯卡的母亲在他三岁时过世，父亲之后没有再婚，将家宅和官职都交付于

● 弟弟，带着帕斯卡去了巴黎，在那里与众多一流的学者交

● 往，将一生的时间花费在帕斯卡的教育上。父亲担心学校教育会毁了帕斯卡，因此没有让他去学校，而是用自己的

● 方式培养他。

我是文学家，数学很差，即便如此，还是出了这道题。

"5"比"0"强，"2"比"5"强，但是"0"又比"2"强，这到底是怎么回事呢？

数字指的是猜拳时出剪刀、石头、布的手指数，题目中的情况出现在猜拳时。

☆伏尔泰的建议

猜拳时手指的形状和数学没有任何关系。将本来没有关系的事物扯上关系——这样的头脑训练也是非常重要的。

☆伏尔泰逸事

伏尔泰（1694—1778），法国作家。

伏尔泰的思想成了法国革命的推动力。当他受到当局压制，作品将被烧毁时，他说："我太高兴了！我的书如同栗子一般，越烧越好卖！"而另一方面，他贩卖军需用品，制造并贩卖钟表，积累了大量的财富，在日内瓦的近郊购置了土地，晚年的生活如同国王一般奢华。

☆东道主的插话

伏尔泰酷爱喝咖啡，一天甚至能喝上六十杯，所以这个派对上准备了足够的咖啡。

虽然我说过"相信你自己"这句话，但是有时候却很难做到。

在一辆公共汽车上，付了钱坐车的人只占全车的三分之一，但是售票员好像丝毫不在意。使用月票也视作付了钱，车上也没有免票的小孩子，请问这样的事情可能吗？

答案

可能。因为只有一位乘客，而另外两个人是驾驶员和售票员。

☆爱默生的建议

一听到公共汽车，就联想到有大量的乘客；说到"乘坐的人"，自然把司乘人员排除在外。囿于这样的常识之中，就只能产生贫乏的想象。

☆爱默生逸事

爱默生（1803—1882），美国思想家。

从十七岁开始，五十五年间，爱默生持续不断地将自己的所见所闻写成日记，共写了二百三十四册。他将这称为"储蓄银行"——日记是牛奶，从日记中提炼出来的随笔犹如牛奶上漂浮着的奶油，而他的诗，则好像是奶油搅拌之后形成的黄油。他曾做过牧师，但因质疑宗教仪式而退职。旅居欧洲期间，与历史学家卡莱尔和诗人华兹华斯的交往对爱默生产生了很大的影响。他提出"相信你自己"，强调人类的神性，主张彻底的个人主义和乐观主义。

诗歌，如同镜子一般，能反映出人心，但是能映出人身体和脸庞的镜子，未必总能映出真相。现在，站在两面平行的镜子中间，能看到由无数个人组成的一列人像。那么，有一个密闭的房间，房间的前后、左右、上下都布满了镜子。房间里站着一个女子，那么她能看到什么？

布满镜子的密闭的房间中，光线完全透不进去，所以她什么都看不见。

☆ **拜伦的建议**

"在前后、左右、上下出现无数人像……"会有人这么回答吧？根据场合的不同，量的问题突然转化成了质的问题，这是思考上的陷阱。思考的顺序和理论的连续性有时就会这样猝不及防地被切断。

☆ **拜伦逸事**

拜伦（1788—1824），英国诗人。

放荡的父亲将两位妻子的财产挥霍殆尽后，抛下妻子出逃，客死异国，拜伦也是如此。他在一年的时间内就将妻子带来的巨额财产挥霍得所剩无几，出走外国，从此再也没有回来。据说为了保持精神的亢奋，拜伦在作诗的时候会抓一把盐放在边上舔。他对伪善的行为给予尖锐的讽刺，认为为了改良社会风俗而不让作家发声，就好像为了看不见丑陋而打碎镜子一样。

问？题

出题者：黑格尔

智商：150 （限时 10 分钟）

我对于逻辑题热衷得不得了，比如：

“她二十岁。”

“她不是二十岁。”

这两句话中，如果一句是真的，那另一句必定是假的。但是，含有“是”和“不是”的两句话，在前后内容一致的情况下，也有可能都没错。请问是什么样的句子呢？

这句话是七个字。(指这句话的字数)

这句话不是七个字。

☆黑格尔的建议

"A 不是非 A"这样的形式逻辑学，对于思考方式复杂的人来说或许意外的难。但是，如果主语所包含的意思可以有不同的理解，那么即使宾语不同，从逻辑上来说，也可能是完全不矛盾的。除了给出的例子以外，这道题还有其他的解答，大家可以试着想一想。

☆黑格尔逸事

黑格尔（1770—1831），德国哲学家。

黑格尔的辩证法思想是从马克思主义和存在主义中衍生出来的。在学生时代，他被朋友们戏称为"老人"，他也试图改变在朋友心目中的这一印象，宣称"去年的目标是酒，今年的目标是恋爱"，但这样的转变似乎并未成功。

我在晚年深受肥胖的困扰，而我的一个男性朋友因为太瘦了，胃不好。但是，他每周风雨无阻地要去两次眼科医院，请问这是为什么？

答案

这个人每周去眼科医院上两天班。至于他有没有去治疗胃，题目中并没有提及。

- ☆休谟的建议

  看到"胃不好"，就会想到"去医院"，谁都会认为此人是因为胃不好才去医院的吧？这正是这道题的陷阱所在。希望读者能够铭记，这种自以为是是相当危险的。

- ☆休谟逸事

  休谟（1771—1776），英国哲学家。

  休谟受到洛克的影响，提倡从经验和观察出发探究真理，这一思想被称为"怀疑的实证主义"，他著有《人性论》《英国史》等著作。康德曾评价："正是休谟让我从教条式的噩梦中觉醒。"休谟的思想也给友人亚当·斯密以极大的影响。休谟的晚年毫无著述，当被问及原因时，他回答：第一，太老了；第二，太胖了；第三，太麻烦了；第四，太有钱了。

问？题

我在儿童时期就能破译密码，大人们都很吃惊。有一天，一个卧底为了破案潜伏进某走私集团，但是他刚获得情报，还没来得及传出去就被杀了。他留下了右图所示的一串数字。请问这串数字是什么意思？

710
57735 34
5509
51 036145

答案

SHIGEO IS BOSS
HE SELLS OIL

把这张纸倒过来看，

是一句英文："Shigeo is boss，he sells oil。"意

为："Shigeo 是老板，他贩卖石油。"

- ☆莱布尼茨的建议

    看上去毫无头绪的一道题，一看到答案，顿时就恍然大悟了吧？这真能称得上是"逆转思维"了。密码有各种各样的方式，有的极其繁复，但是这种把数字拿过来直接作为字母使用的，其实相当简单明了。

- ☆莱布尼茨逸事

    莱布尼茨（1646—1716），德国哲学家、数学家。

    莱布尼茨是位早熟的天才，据说他八岁时就能破译密码，十五岁时进入大学，十七岁时发表了处女作，二十岁时成为法学博士。关于他与牛顿谁先发明了微积分的争论是数学界至今的公案。因为"忙"，莱布尼茨一生独身。据说德国的出版社从 1923 年以来连续出版他的全集，可还是没有达到他全部著作的三分之一。也就是说，莱布尼茨这一生在追求什么，直到现在也无人能够明白。

我的心绪时有波动。当我情绪好的时候，我会和各种各样的人握手。

通常，两个人握手的时候都是右手与右手，或者左手与左手相握，如果右手与左手握手，则很别扭。一个人的右手与左手无法完全相握，但如果是和两个人的话，则可以交错着握住手。

那么，如果有五个人，能做到所有的手都左手和左手、右手和右手地完全握住吗？

答案

不能。

☆歌德的建议

乍一看，觉得好像应该可以。但是，五个人有五只右手和五只左手，两组右手和两组左手可以完全握住，剩下的一只左手和一只右手，无论如何都不可能完全握在一起。可能或不可能不是孤立的，判断什么时候、什么情况下可能或者不可能是很重要的。

☆歌德逸事

歌德（1749—1832），德国文豪。

歌德具有典型的躁郁型人格，在约两年的躁郁状态中，他连续发表了多篇作品，但是之后的七年，他处于停滞期，完全没有作品。这种周期性的特征在他的恋爱中也有表现，当恋爱之心泛滥时，他会在短期内同时与多人恋爱，他的恋爱体验也催生出了优秀的文字。

2.牛顿的房间

俱乐部邀请函

科克斯推定智商的方式虽说多少有失公允，可这个房间里也是强者云集。房间主人牛顿因患有综合失调征，本想加入凡·高的房间，可听说拿破仑、达·芬奇和贝多芬都在他的房间里，便立即决定承担起东道主的职责。

确实，天才对智商的要求很高，如同大家所知，现在的智商测试对于创造力也有比较高的要求，智商与创造性的相关性在各个方面都有所体现。

通常我们说"头脑好用"的时候，是指推理能力、理解能力、记忆能力等各种相当复杂的要素有机地结合在一起。但是，天才的创造性是指在某一方面的能力尤为突出。在这个房间里的康德认为，天才与能才的区别在于，能才是可以通过教育达成的，而天才不是。

于是，这个房间里的人为了不输给"极端组"，表现出了强烈的竞争欲，提出的问题也堪称绝妙。

问**?**题

我热衷于思考无限的问题。如图所示，在圆的直径上可画出无限个圆。那么，这个大圆的周长与中间无数个小圆的周长总和，到底谁长呢？

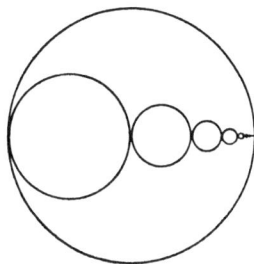

一样长。因为大圆的圆周为"直径 × π"，而中间无数个小圆的圆周也是"直径 × π"，其总和也是"直径的总和 × π"。

☆牛顿的建议

感觉上好像是"无限等比数列之和"，但其实只要注意到一长列并排着的圆的直径之和与大圆的直径是相等的就可以了。应该认识到，我们的视觉和感觉并非总是正确的。

☆牛顿逸事

牛顿（1643—1727），英国科学家。

牛顿终身未婚，一生被失眠症所困扰。少年时代，他在学校里的成绩经常徘徊在倒数，但是对于热衷的事物则会投入极大的热情。有一次，他在教室里全神贯注地计算，一个朋友恶作剧地把他带的饭全吃了。当他结束计算后看到空空如也的饭盒时，说："原来我已经把饭吃了呀！"他这样的性格直到成年后也没有改变，最出名的是把手表当成鸡蛋放进锅里煮了的故事。

任何事情，我都喜欢按照规则来做。在右边的三角中，只要决定了一排的"♀"和"♂"如何排列，根据规则，就能推断出其他符号的排列。根据相同的规则，请完成下图的排列。

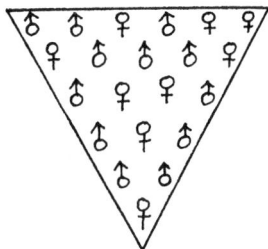

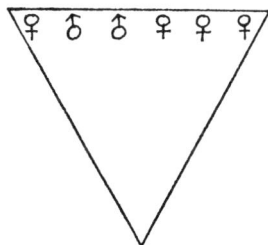

答案

在两个相同的符号下面是"♀"，在两个不同的符号下面是"♂"。

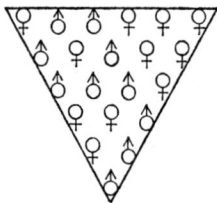

☆康德的建议

回答这道题最重要的是要注意到决定法则的最小单位有两个，将组合成的四种可能逐一探讨即可。看上去似乎很复杂的现象，事实上是被意外单纯的法则所支配的，这样的例子并不少见。不要被表面现象所迷惑，要有发现本质的锐利目光。

☆康德逸事

康德（1724—1804），德国哲学家。

康德以生活极其规律著称，他晚上十点就寝，早上五点起床。每天早上，仆人提前十五分钟去叫他，在他起床之前要不停地叫。由于他奉行奇特的独身主义，因此仆人甚至都不能跟他说自己结了婚。当他知道仆人已经结婚的事情时，大怒。他的墓碑上刻着："我头上的星空和我心中的道德律。"

三根指挥棒如图所示摆放，一共只能摆出五个直角。同样用三根指挥棒，想要摆放出十二个直角，该怎么做比较好？指挥棒的粗细不计。

答案

如图所示。

上
北
东
西
南
下

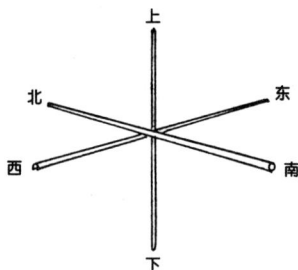

● ☆瓦格纳的建议

这道题很好地体现了从平面思维向立体思维的头脑转换，练习从二维向三维的思维转换，可以让你的头脑回路得到充分的开拓。

● ☆瓦格纳逸事

瓦格纳（1813—1883），德国作曲家。

瓦格纳在十四岁时就写出了一部出场人物多达四十二人的作品，最后，所有的出场人物全部死去，是一部悲剧。他不是个好学生，而且喜欢赌博，相对于在学校，他待在酒馆里的时间更多。但也就在那段时间，他自学了文学、戏剧、哲学等课程，并探索音乐与戏剧的融合。他的代表作有《尼伯龙根的指环》等。在他的崇拜者中，波德莱尔、尼采以及巴伐利亚国王路德维希二世都死于精神疾病。

我曾因为做研究，在 A 岛上暂住过一段时间。这个岛上有两个部落，在 X 部落的语言中，"梅拉"表示"是"，"塔达"表示"不是"。Y 部落的语言正相反，"塔达"表示"是"，"梅拉"表示"不是"。有一天，我在岛上遇到两个男子。我说"今天天气真好"，对方一个回答"梅拉"，另一个就回答"塔达"。不管我问什么，他们两个的回答都是不同的。但是，我问了一个问题，他们两个人的回答都是"塔达"，请问我问的是什么问题？

答 案

答案有很多种，比如：

① "你是 Y 部落的吗?"

② "当我问'你是人吗'的时候你的回答是'塔达'吧?"

③碰巧，X 族的男子不会游泳，而 Y 族的男子会游泳时，问"你会游泳吗"。

● ☆达尔文的建议

简单地说，只要考虑对 X 部落来说是否定的，而对 Y 部落来说是肯定的问题就可以。创造性思考的原点，是针对一个问题想出多个不同的答案，使头脑具有流动性。

● ☆达尔文逸事

达尔文（1809—1882），英国科学家。

在老师眼里，达尔文是一个智力低下的愚笨的学生。课外时间，他喜欢收集昆虫、矿物等，还热衷于化学实验，朋友戏称他为"瓦斯"。他对于书本的破坏力极强，因为他会将需要的部分撕下随身携带，只要有时间就拿出来看看。这种碎片化的学习也成了他写作《物种起源》的原动力。

问？题

我热爱平等，写过《社会契约论》。

朋友送给我一块单面上色的木板。基于平等的原则，我想把它分成四块形状相同的板。要求沿着虚线切割，切割后即使不翻转过来，也是四块相同的形状。请问该怎么切割？

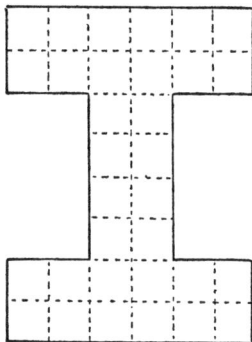

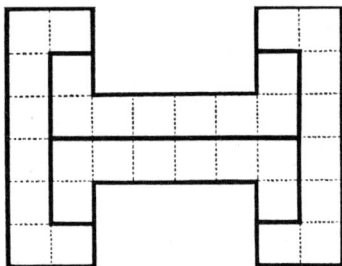

如图所示。

● ☆卢梭的建议

●　　如果将上下左右平均分成四份，那么只能在经过翻转
●　后形成四个同样的形状。图中一共有三十二个格子，分割
●　后的每个图形是八个格子，以此为起点思考即可。

● ☆卢梭逸事

●　　卢梭（1712—1778），法国思想家。
●　　据说卢梭的母亲是个才色兼备的女子，生下卢梭后不
●　久就去世了。卢梭一直觉得自己对母亲的死负有不可推卸
●　的责任，因此他极力在父亲身边担当起母亲的角色，并为
●　不可能完全替代母亲的角色而烦恼。他与情人黛丽丝共育
●　有五个孩子，孩子们却全部被他送进了育婴堂。他一生的
●　痛苦体验被以各种各样的形式表现出来，最初是性别倒错，
●　之后是从事创作，最后出现了被害妄想的症状。

世人大多以为我是个美术家，其实我对科学也抱有极大的兴趣。有一次，我想用天平称出从 1 克到 40 克的全部克数，并且，我只需要四种克数的砝码各一个。请问我使用的是哪四种克数的砝码？

答案

1 克、3 克、9 克、27 克四种。

● ☆达·芬奇的建议

　　使用两个砝码的时候，1 克和 3 克两个砝码可称出的最大值是 4 克。以此为思考的基础，设法称出更重的重量。例如要称 20 克的话，在右边的盘了里放 1 克和 9 克，左边的盘子里放 3 克和 27 克就可以。用这个方法，可以称出 1 克到 40 克的所有克数。

● ☆达·芬奇逸事

　　达·芬奇（1452—1519），意大利画家。

　　达·芬奇对知识的涉猎面很广，却大多半途而废。他画《最后的晚餐》用了四年的时间，每次他刚静心从早画到晚时，没几日又会离开，回来后刚画了没几笔又出去了。据说，他把看见的、听见的东西画下来时用左手，把头脑中想到的东西表现出来的时候用右手。

问？题

我的梦想是拥有一栋有十五个房间的房子。现在，有一名保安从这栋房子的入口处进入，巡视完所有房间之后回到"○"所标示的管理室。巡视过的房间不能再次踏入，请问他该怎么走？

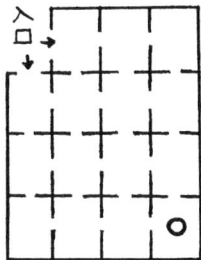

答案

如图所示。

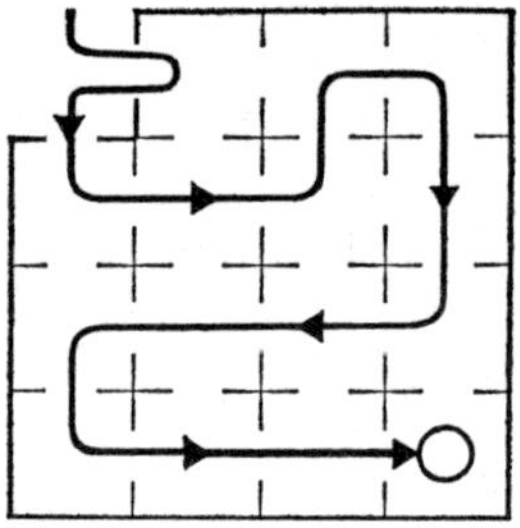

● ☆巴尔扎克的建议

　　当认为题目中的要求做不到的时候，尝试从框架外去思考。注意到左上角的特殊之处，离得出答案也就不远了。

● ☆巴尔扎克逸事

　　巴尔扎克（1799—1850），法国作家。

　　巴尔扎克在墙壁上挂了一幅没有画像的画框，一看到它，便思如泉涌。他经常借钱，生活浪费，曾经一度放弃写作，投身出版和印刷业，失败后还借了许多钱，购入了瓷器、宝石等贵重物品。他曾为了一次晚餐，就将室内的装饰全部更换。虽然常被债主逼债，但是他仍不停地借钱、买东西。他的作品中也塑造了许多百万富翁的形象。

　　有两个外观看起来一模一样的罐头。一个罐头里面装的是芦笋，另一个里面装的是柠檬汁。两个罐头重量相同，标签都剥落了，看上去完全没有区别，盖子上的记号也看不明白。怎么能在不打开盖子的情况下简单分辨出两个罐头里装的分别是什么？

　　这可是我很擅长的科学的问题哟！

答案

将两个罐头同时从斜坡上滚下来，速度快的那个是柠檬汁。

● ☆爱因斯坦的建议

装有柠檬汁的罐头从斜坡上滚下来的时候，里面的东西几乎不会滚动，因此只有罐头在滚动。但是，里面装有芦笋等固体的话，如果里面的东西不滚动，罐头是滚动不起来的。要让里面的芦笋也滚动起来，是需要能量的，因此芦笋罐头的滚动速度更慢。只要在斜坡上做个实验，就能明白了。

● ☆爱因斯坦逸事

爱因斯坦（1879—1955），德国物理学家。

爱因斯坦的脑袋大得出名。据说来日本的时候，他想换一顶帽子戴，结果在日本买不到那么大的帽子。还有个故事，说有个人曾问爱因斯坦的妻子："你懂相对论吗?"他的妻子回答说："我不懂相对论，但我懂爱因斯坦。"

我的耳朵听不见，但我创作出了《命运交响曲》。尊敬的海顿先生知道我听不见电话铃声，特地为我改造了电话机，在响铃的同时会发光。

但是这样的改造对我来说毫无作用，请问是为什么？

即使我能通过闪光知道电话铃响，但是拿起听筒仍然听不见对方的话。

☆贝多芬的建议

让电话发光，乍一听是个绝妙的主意，但是对耳朵完全听不见的人来说，无论对电话机做什么样的改造，都无法实现通话。在想主意的阶段，空想没有问题，但是到了评价阶段，就不得不考虑现实性的问题了。

☆贝多芬逸事

贝多芬（1770—1827），德国作曲家。

贝多芬从二十一岁开始在维也纳生活，那时他的笔记本上还留有"舞蹈教师""假发护理"之类的记录。他有时顶着一头乱蓬蓬的头发，给人以粗野的感觉，有时却戴着精致的假发跳起交谊舞。但是他洗澡的时候，会特地把洗澡桶拖到钢琴边上，因为这个，他好几次被房东从房子里赶了出去。贝多芬从三十岁时开始受到耳疾的困扰，曾因不堪痛苦而留下遗书试图自杀。

在战场上用望远镜远眺时，我看到某户人家的墙壁上挂着一幅挂历，用望远镜能看到如右图所示的黑色字。

那么，这个月的一号是星期几？

星期六

周日	周一	周二	周三	周四	周五	周六
						1
2	3	4	5	6	7	8
9	10	11	12	13	14	15
16	17	18	19	20	21	22
23/30	24/31	25	26	27	28	29

☆贝多芬的建议

通常来说，挂历的每个月份都有五行，所以出现"24/31"这种写法的话，1号不是周五就是周六。但是，因为字的颜色是黑色，所以24号是工作日而不是休息日，因此1号一定是周六（参照上图）。

☆贝多芬逸事

拿破仑（1769—1821），法国皇帝。

拿破仑酷爱读书，在马车中自不必说，即使在战场上，他也是手不释卷。据说，他被流放到厄尔巴岛上的时候，看完的书达八千册之多。并且，他的神经极其敏感，仅仅一个单词都有可能刺激到他内心深处，让他哭泣。

☆东道主的插话

我的房间作为会场而被使用，门上留有大小两个洞。这不是为了让大家的头脑保持冷静，而是因为我养了一大一小两只猫，洞口是为它们而开的。

3 兰波的房间

俱乐部邀请函

某种程度上，天才之所以能够产生异于常人的动力，是因为他们的内心深处潜藏着自卑感。

在天才中，无法融入现实社会、无法展开正常生活的人很多，无法与异性正常交往的人也不少。

我们主办方将这个房间里的主题定为"自卑者之会"。但是，聚集在这个房间里的人并非完全"自卑"，结果变成了"失恋者之会"这类具有浪漫色彩的聚会。

卢梭虽有加入这个房间的强烈意愿，但是因为在"失恋"这一点上不符合要求，被移到了其他房间。司汤达、柏拉图要求担任这个房间的东道主，但是大家一致认为，从事创作活动仅有几年、写出了二千五百行诗及大致同样数量的散文诗的兰波更名副其实，因此他被推举为本房间的东道主。

我喜欢一边思考一边散步。路过某一户人家时，我发现了一块如图所示的梯形土地，上面栽种着四棵月桂树。如果有四个人，要将这片土地分割成面积完全相同的四份，并且每一份土地上要有一棵树，该怎么办？

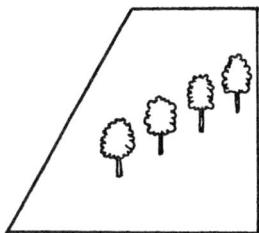

答案

如图所示。

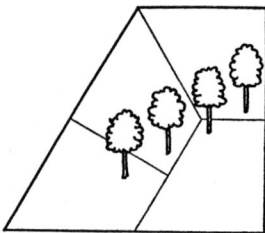

☆苏格拉底的建议

　　将梯形分割成若干个梯形——发现可以利用相似的图形，这样的操作需要头脑的高速运转，这就是所谓"认识你自己"吧！

☆苏格拉底逸事

　　苏格拉底（约公元前470—公元前399），古希腊哲学家。

　　苏格拉底的妻子是有名的悍妇。有人问他："你为什么挑了那么一个妻子呀？"他说："如果你能够驯服一匹烈马，驯服其他的马自然也就不在话下了。如果我连她都能忍受，那天底下还有什么人是我不能忍受的呢？不绝于耳的责骂声犹如水车转动的声音一般，听不见的话，我还不习惯呢！"妻子责骂之后，将一盆水从他的头上浇下，他却说："打雷之后，当然是大雨。"苏格拉底积极地劝导弟子结婚，理由是"可以成为哲学家"。

问？题

我在坐电车从 A 到 B 的旅行途中经过了 C，顺便看了一下时刻表，从 B 始发到 A 的列车每二十分钟一辆，从 A 始发到 B 的列车每三十分钟一辆。这条线路上没有支线，也没有途径的其他车或是不载客的空车。那么，无论有多少辆车，在一段时间过后应该都会集中在 A 处，但事实上却不是这样，请问这是为什么？

答案

因为向 A 行驶的车都是四节车厢，向 B 行驶的车都是六节车厢。

☆兰波的建议

从理论上讲，车辆的车厢节数发生变化，就不会造成车辆聚集在一处了。但是如果在现实中注意到车辆是由四节还是六节构成的，就有些困难了。相对于现实的场景，有时候也要优先考虑理论。

☆兰波逸事

兰波（1854—1891），法国诗人。

兰波后来放弃写诗，成了一名商人。

问？题

我从小就喜欢玩硬币游戏。比如，现在有四个1法郎的硬币如图所示排列。将其中的3个硬币依次挪到其他位置后组成的新的图形，要求与原先的图形形状几乎相同，请问该怎么做？移动的要求是，硬币移动之前和之后都要贴着其他两枚硬币。

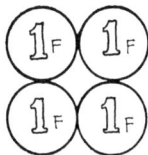

![灯泡图标]答案

从任何一个位
置开始移动都可以，
这里仅给出了一种
答案。

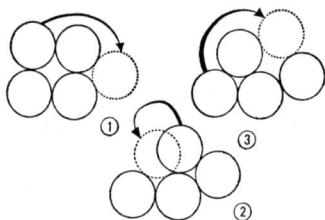

我在查阅古代文献时，发现有一个人生于公元前10年，卒于公元后10年的生日的前一天。这个人到底是在多少岁去世的呢？

答案

18 岁。

☆亚当·斯密的建议

"10-（-10）=20"这样单纯的计算在这里不适用。一般来说，数字是按照"2、1、0、-1、-2"的顺序排列的，但是在计算年龄时，排列方式是"2、1、-1、-2"，因为"公元 0 年"不存在。同样，也没有"0 年"这样的年号，只有"公元 1 年"。并且，在生日前后，虽然只有一天之差，但是岁数却相差一岁，因此正解是 18 岁。如果头脑中通常的原则太牢固的话，是得不到这道题的正解的。

☆亚当·斯密逸事

亚当·斯密（1723—1790），英国经济学家。

亚当·斯密是名"学霸"，他的记忆力超强，涉猎面极广，但是，在与女性交往方面他却极不擅长。亚当·斯密终身未婚，一直与母亲一起生活。他花了整整十年的时间创作《国富论》，在书中剖析了资本主义社会的体制。

问？题

我在作品《调皮捣蛋的孩子们》中描写了四个孩子。在一片空旷的平地上，有 A、B、C、D 四个孩子比赛跑步。他们总共跑了四次，其中有三次 A 比 B 快，三次 B 比 C 快，三次 C 比 D 快。你当然会认为 D 是四个孩子中跑得最慢的，但其实 D 在四次比赛中有三次比 A 快。请问这样的事情可能吗？

答案

可能。

☆科克托的建议

比如，四次比赛的成绩是这样的：① ABCD ② BCDA ③ CDAB ④ DABC。这样，A 在①③④比 B 快，B 在①②④比 C 快，C 在①②③比 D 快。但是，D 在②③④比 A 快。两个人的胜负情况在四个人之中，仅仅是一种相对的关系。

☆科克托逸事

科克托（1889—1963），法国艺术家。

中学时代的科克托一事无成，他曾因在作业本上画漫画、考试作弊等原因挨了老师打。他写小说、写诗、写戏剧，自导自演了《罗密欧与朱丽叶》，还自己创作并演出电影。他的素描受到过毕加索的赞赏。他还组织过乐队在酒吧演出，大受好评。

问？题

我终身未婚。

一对夫妻的结婚纪念日在一月的第一个周四。一月所有周四的日期数相加和为"80"。请问，结婚纪念日是几号？

二号。

周日	周一	周二	周三	周四	周五	周六

$$x$$
$$x+7$$
$$x+14$$
$$x+21$$
$$+)\ \ x+28$$
$$5x+70=80$$
$$x=2$$

☆勃拉姆斯的建议

将第一个周四设为"x"的话，"x"一定比"7"小，所以能写出上图的方程式。日历是在各种各样的法则的基础上形成的。比如，同一年中的3月3日、5月5日、7月7日的星期是相同的。还有，二十一世纪是从周一开始的，很有趣吧!

☆勃拉姆斯逸事

勃拉姆斯（1833—1897），德国作曲家。

勃拉姆斯对任何事情都拘谨缄默。他在沙龙上欠缺优雅，在演奏会的舞台上缺乏激情，在乡间生活时不够质朴，在都市中又格格不入。在舒曼生病之前的两年间，他一直视舒曼为恩师。舒曼死后，他与克拉拉夫人在长达四十年的时间中互相鼓励。勃拉姆斯终身未婚，在克拉拉夫人去世之后，他陷入深深的沮丧，在她死后十一个月病逝。

问 **?** 题

两个男子、两个女子和一对夫妻分别进入房间。为了不走错房间，门上分别挂了"男士""女士"和"家庭房"的牌子。但是，一个调皮的男孩将牌子换掉了，所有的牌子和里面的人都不对应。现在，要将所有的牌子重新配置正确，但是只能敲一个房间的门，房间里只能有一人发出应答声。那么，应该敲挂着什么牌子的房门？

答案

挂着"家庭房"的房间。

☆柏拉图的建议

既然"完全不对应",那么挂着"家庭房"的房间里就不可能是一男一女,应该或者是两男或者是两女。如果应答的是女声,则这个房间是两女,那么,挂着"男士"的是一男一女,挂着"女士"的是两男。如果应答的是男声,则这个房间是两男,那么挂着"女士"的是一男一女,挂着"男士"的是两女。顺着简单的条件追溯下去,说不定会得到意外的推理和信息。

☆柏拉图逸事

柏拉图(公元前427—公元前347),古希腊哲学家。

柏拉图是苏格拉底最得意的弟子。他们的关系不仅限于思想的结合,还发展到了美妙的学问、美妙的身体、美妙的活动和对美的本体的认知。

《红与黑》是我的作品。我还养了几条红色和黑色的金鱼。卖鱼的人说，虽然它们的个头儿没有差异，但是投喂时，黑色的金鱼要比红色的金鱼多三倍以上的饲料，这是为什么呢？

答案

因为黑色金鱼的数量是红色金鱼的三倍。

☆司汤达的建议

不要被单一信息的内容所束缚，应该从多角度探索。比如，交通事故中的男性肇事司机较多，但这并不表示男性的驾驶水平低。如果再加上"司机中的九成是男性"这一信息，就能得出不同的结论了。

☆司汤达逸事

司汤达（1783—1842），法国作家。

司汤达的恋爱理论很有名，但是他自己却不知道如何与女性相爱。他把从别人那里听来的办法认认真真地记在本子上，依葫芦画瓢地去向女性表白，失败后，就觉得是被女性侮辱了。此外，他自己也承认，自己是个爱说谎的人。他在写简历时会赫然写上虚假的经历，写信的时候会使用二百多个名字，并且，他自己书写的墓志铭上写着"米兰人"，但事实上他是不折不扣的法国人。

问？题

我作的曲很多被制作成了唱片。唱片外围的 A 转一周，与半径为 A 一半的 B 转一周相比，能多几倍的录音时间？

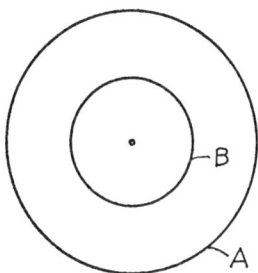

答案

唱片机是根据一定的转数来旋转的，所以无论圆周的周长是几倍，能录音的时间都是相同的。

- ☆肖邦的建议

　　其实，录音时，只是 A 处的指针在盘面上划过的速度更快而已。根据圆周的计算公式计算内侧和外侧的周长之差也没错，只是这里问的是录音的"时间"。

- ☆肖邦逸事

　　肖邦（1810—1849），波兰作曲家。

　　肖邦八岁时就登台演出，那时，他穿着一件白色的天鹅绒上衣。演奏会结束后，母亲问他："你觉得大家对你的什么印象最深？"母亲问的是演奏方面，他却回答："当然是我身上的颜色呀，妈妈。"虽然人在异国，但是肖邦写了很多对祖国表达热爱的作品。他的身体很弱，患上了结核病。他看过三十多位医生。朋友们给他的信里无一例外都会写上注意身体之类的话。

我想给我永远的恋人贝雅特里齐赠送一个由我亲手制作的十字架。我想将如图所示的木板切割成两块，做成十字架，请问该如何切割？

答案

如图所示。

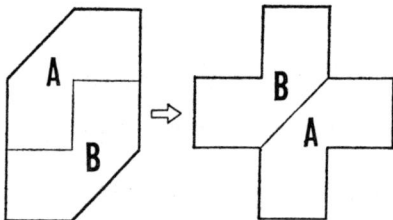

● ☆但丁的建议

　　十字架中没有斜线，所以只要把斜线消除就可以。其次，要考虑从哪里可以找到十字架的直角部分。意识到需要寻找对称的图形后，接下来就只剩下考察直觉的部分了。许多时候，正是在这种看上去理所当然的想法中，隐藏了相当多的意外性。

● ☆但丁逸事

　　但丁（1265—1321），意大利诗人。

　　九岁的春天出现在但丁生命里的少女贝雅特里齐左右了他一生的命运。他在抒情诗《新生》中歌颂了她的美。贝雅特里齐与贵族结婚，二十四岁去世，对于但丁来说，她是他的理想，也是《神曲》诞生的源泉。后世的伏尔泰曾讽刺道，因为几乎没有人读过但丁，所以但丁的名声却越来越响。

4. 居里夫人的房间

俱乐部邀请函

无论被多大的困难所阻挡，天才的能力终会被发现。

纵观人类的历史，有些天才在经济上一贫如洗，但是他们总能不被困难所束缚，最终开出旺盛的才能之花。

这个房间中聚集了许多天才。他们有的在少年时代生活贫苦，有的在青年时代也要为每天的口粮发愁。这些人中虽然也有比较正常的，但大部分人给别人的印象是他们名气与经济的不匹配。其中有几种类型的人——

第一种，有着酒精依赖、放荡等特征的天才，即所谓沉溺型。

第二种，感情极其敏锐、敏感而内心脆弱的人。

第三种，对创造的冲动异常强烈，情绪喷涌而出，以至于自己难以控制，即所谓冲动型。为了实现这种冲动，他们甚至可以抛下现世的一切羁绊。

无论是哪种类型，聚集在这间屋子里的人都一边贫困着，一边超越贫困，试图从贫困中杀出一条血路，通向自由的世界。他们对于创造的意愿，超越了现世所拥有的一切。

　　我对于大自然的不可思议和伟大始终心存敬意。那么问题来了，你看到过的最大的"阴影"是什么？

　　各位亲爱的读者，你们越是能直视"自然"，就越容易得出答案。

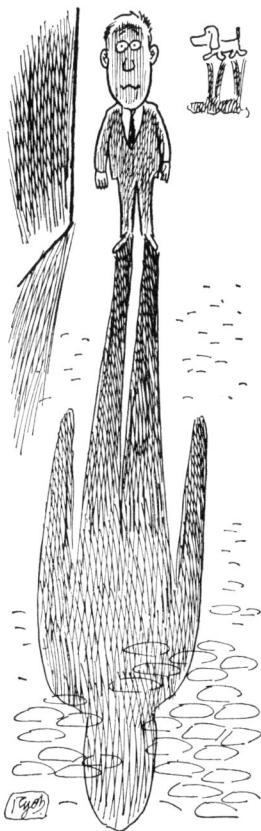

答案

地球的阴影——夜晚。

☆居里夫人的建议

我们生活在日常之中，所以常常只需要在此框架中思考必要的事情就可以。但是对于头脑体操的训练来说，有意识地训练自己思考极端（极大、极小等）的情况是不可或缺的。例如，地球对于我们来说如同一个小宇宙，但是与银河系相比，便是如同太平洋中的浮游生物般的存在了。

☆居里夫人逸事

居里夫人（1867—1934），法国物理学家。

居里夫人在二十八岁时与三十六岁的皮埃尔结婚。在贫苦的生活中，夫妻二人共同发现了镭。在婚后的第十年，皮埃尔不幸被马车撞倒而身亡。玛丽一边忙于照顾皮埃尔的父亲和养育两个人的孩子，一边埋头于研究工作。那时，当被问道"你现在最想要的是什么"的时候，她回答："我想要一克研究所必需的镭。但是太贵了，我买不起。"

我定制了一个装裱立体画用的画框。它是木制的，厚度如图所示。我希望弯曲的地方全部都是直角，请问需要多长的木材？

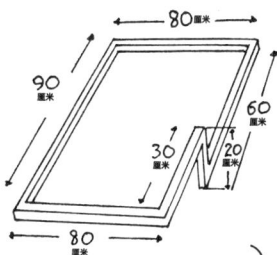

答案

多长都不可能。

☆毕加索的建议

只看部分可能是合理的，但是从总体来看，是做不到的。将合理的部分集合起来，总体并不一定是合理的。现代人越来越缺乏感知违和的敏锐感觉，而所有的创造，都是从感知到与现实相违和的地方开始的。

☆毕加索逸事

毕加索（1881—1973），西班牙画家。

毕加索在八岁时就已经掌握了学院派的素描技术，二十六岁时开拓了自己独特的画风。年轻的时候因为贫穷，毕加索几乎将蒙马特大道上所有能借的钱都借遍了，再也借不到钱的时候，他找到一个极瘦弱的朋友装成病人，从出版社骗取慰问金，用以维持生计。

我梦见了阿里巴巴。阿里巴巴从大财主 A 那里偷到了钱，要走到位于 B 点的家。同样的路线不能走两次以上（不必经过所有道路），但要经过所有房子，他应该走什么样的路线？

答案

如图所示。

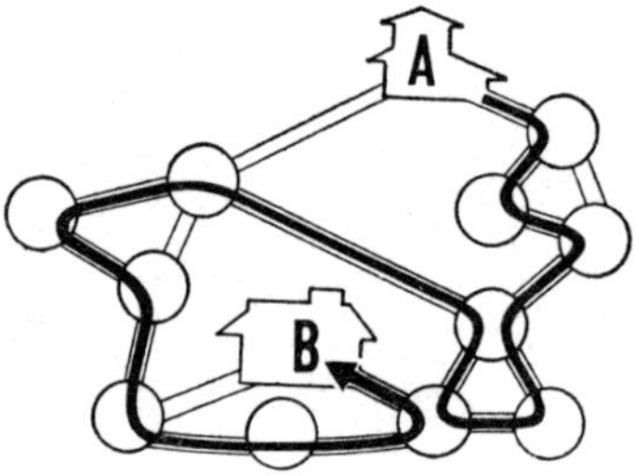

- ☆裴斯泰洛齐的建议

在一定的条件下最大限度地寻求可利用的条件，应该会发现有不得不通过两次的房子。语言的解释其实是很微妙的。"要经过所有房子"，并没有说同一栋房子不能进入两次。在阅读法律文书的时候，也应该注意这方面的措辞。

- ☆裴斯泰洛齐逸事

裴斯泰洛齐（1746—1827），瑞士教育家。

他的基碑上刻着："……一切都为他人而做，不为自己做任何事情……"裴斯泰洛齐在二十八岁时尝试通过农业改进教育，失败后差一点儿饿死。这时，他向朋友借了一点儿钱，在回家途中，遇到一个因为公牛死亡而哭泣的农夫，于是他把所有的钱都给了农夫："这点儿钱你拿去买一头新的牛吧。"

　　我要在雅典打造一个庭院。有一处庭院归三家共有，于是大家决定，每家都由太太出面来进行庭院的打造工作。A 家的太太工作了 5 天，B 家的太太工作了 4 天，所有施工就此完成。而 C 家的太太由于怀孕，不能进行体力劳动，所以需支付 9000 日元。那么，这笔钱该怎么分配给 A、B 两家的太太？

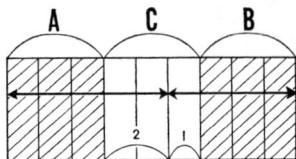

支付给 A 太太 6000 日元，B 太太 3000 日元。

☆伊壁鸠鲁的建议

这道题的答案并不是简单地给 A 太太 5000 日元，给 B 太太 4000 日元。

两个人共工作了 9 天，也就是说，原本一个人的工作量是 3 天，这 3 天是没有报酬的。因此，A 太太额外工作的天数是 "5-3"，也就是 2 天，B 太太额外工作的天数是 "4-3"，也就是 1 天。C 太太支付的 9000 日元是用于她们额外工作天数的报酬，所以应该支付给 A 太太 6000 日元，B 太太 3000 日元。因为 C 太太完全没有劳动，所以在给另外两个人分配的时候会觉得与 C 毫无关系，其实应该把她也一起考虑进劳动时间的分配中，这也是这道题的关键所在。

☆伊壁鸠鲁逸事

伊壁鸠鲁（公元前 341—公元前 270），古希腊哲学家。

伊壁鸠鲁打造了一个与世隔绝的"伊壁鸠鲁之园"，在那里过着简朴的学究型的集体生活。他主张"人生的目的就是快乐"，倡导只要有面包和水，就能过上神一般的幸福生活。

问？题

我喜爱手枪。有一天，我要和一人决斗，我们决定用掷金币的方式，先掷出"正面"的人先开枪。如果一直掷出的是反面，那两个人轮流投掷，直到掷出正面为止。如果金币掷出正反面的概率是相等的，那先掷的人和后掷的人谁更有利？假设两个人开枪的时候都不会出现失误。

答案

先掷的人比另一个人有两倍的优势。

☆雅里的建议

首先，如果先掷的人直接掷出了正面，那胜负已定。也就是说，先手仅掷一次，就已经有了二分之一的胜率。如果先手没有掷出正面（这样的概率也有二分之一），那么对后手来说，这时才拥有了和先手同样概率的"赢面"。与先手"赢面"相同的机会是以二分之一的概率获得的，因此相对于后手来说，先掷的人有两倍的优势。

☆雅里逸事

雅里（1873—1907），法国作家。

天才也会有令人愤怒的想法。据说，有一次，雅里用手枪去开香槟的盖子，子弹差点儿射中邻居家的孩子。母亲吓坏了："如果真的射中了该怎么办呀！"他却像没事人似的说："不是没射中嘛！再说了，真射中的话，赔一个孩子不就好了？！"

　　我家境贫寒，从小时候开始，就专挑便宜的东西买。我用八折的价格买下了一栋开价3000马克的房子。朋友来参观的时候，表示愿意加价两成从我手里买这栋房子，考虑到朋友对我有恩，我同意了。在这次交易中，我到底是亏了还是赚了？

以 2400 马克买来的房子加价两成卖出，赚了 480 马克。

● ☆高斯的建议

赚了多少钱和最初用几折的价格买进毫无关系。这个"八折"的条件容易一直停留在头脑中，在思考的过程中，成为陷阱。

● ☆高斯逸事

高斯（1777—1855），德国数学家。

高斯出生在贫穷的砖瓦工的家庭，从小天赋异禀，四岁时就能读出日历上的数字。但是，想在亲戚面前展示超凡能力时，他却几乎什么都读不出来。其实并不是他不认识数字，而是因为眼睛近视，看不清楚。十九岁时，高斯就解出了"只使用直尺和圆规画出十七边形"的难题，为欧式几何做出了重要补充。

我的性格偏女性化，我的兴趣爱好也更偏向于孩子的兴趣。

有三个日本小孩儿，他们把所有口袋里的钱都掏出来放在一起。全部的钱是 100 日元的硬币两枚、50 日元的硬币两枚、10 日元的硬币两枚，总计 320 日元。但是，没有一个孩子有两枚以上相同面值的硬币，并且，没有 100 日元的人也没有 10 日元，没有 50 日元的人也没有 100 日元。请问三个小孩儿分别有多少钱？

A：100日元、50日元、10日元；

B：100日元、50日元、10日元；

C：没有钱。

☆安徒生的建议

随便掏掏口袋，谁都能掏出10元、20元吧？从这样的日常经验出发，再加上"把所有口袋里的钱都掏出来放在一起"这样的表述，很容易给人造成所有人的口袋里都掏出了钱的错觉。这是这道题的陷阱所在。

☆安徒生逸事

安徒生（1805—1875），丹麦童话作家。

安徒生出生于一个贫困的家庭，长大后在欧洲各地流浪。他屡次恋爱均不成功，终身未婚。安徒生热衷于女性喜爱的事情，比如用针线缝制人偶的衣服，侍弄些花花草草等。即使成年后，他也不关心外在的事情，有些自恋。安徒生虽欠缺些男性的气魄，但对于一只小虫、一株小草都会倾注强烈的感情。

问？题

我与这个房间的东道主居里夫人一样，热爱真理。

"偶数加上偶数"是偶数；

"偶数加奇数"是奇数。

"偶数乘以奇数"是偶数；

"奇数乘奇数"是奇数。

有一个人，在承认以上事实的基础上，还说"偶数乘偶数"为奇数，请问是为什么？

这道题的答案，是指"偶数乘偶数"的字数为奇数。

● **☆斯宾诺莎的建议**
● 　　用数学用语表述的时候，我们的脑中会不由自主地
● 构筑数字的世界。有时候，我们也要尝试打破那个思维
● 的框架。

● **☆斯宾诺莎逸事**
● 　　斯宾诺莎（1632—1677），荷兰哲学家。
● 　　斯宾诺莎认为绝对的真理是神的无限知性之一，这个
● 思想至今仍具有巨大的影响力。他终身未婚，将一生奉献
● 给了对哲学与真理的追求。斯宾诺莎认为自己无法像一个
● 全副武装的勇士一般面对女性。他无欲无求，将从父亲那
● 里继承来的大额遗产悉数赠予了妹妹，自己以磨镜片为生。
●

5. 凡·高的房间

俱乐部邀请函

天才都是疯子——意大利精神病学家隆布罗索的这一理论起了巨大的反响。

确实，在历史上留下浓墨重彩的天才中，有不少可以明明白白地贴上"患有精神疾病"的标签。比如，有的患有神经麻痹（尼采、莫泊桑），有的有精神分裂现象（荷尔德林、斯特林堡、牛顿、凡·高），有的患有癫痫（陀思妥耶夫斯基），此外，还有的患有躁郁症（歌德、拜伦）。

这些精神疾病与他们过人的才华确实有深厚的关系，但是如果考虑到在患这类疾病的人群中，非天才的数量远远超出天才的数量，那对于天才来说，这种精神疾病也不过是一点点附加项而已。至于这个附加项为何会存在，当然至今谁也没有明确的说法。但是，天才，确实应该被理解为"超越了疯狂"的人。

这个房间里聚集了多名天才，说所有的天才都想来这个房间也不为过。但是，我们经过严格的重重选拔，最终从他们之中决定了这个房间的出席者。凡·高被大家一致推选为这个房间的东道主。

　　我在犯罪现场发现了一个被破坏得只剩下碎片的钟。钟的长针和短针都还在，并且正好指向某个刻度。从碎片上，只能看到长针指向的刻度比短针快一分钟。我就是通过这个残片推断出了作案时间。请问，案发时到底是几点几分？

答案

2点12分。

SEKAI

☆爱伦·坡的建议

短针的一个刻度相当于长针的十二分钟。当短针正好指向某个刻度时，长针必定在0分、12分、24分、36分、48分的某个位置上，之后，一个一个时间地进行验证，就能得出答案。

☆爱伦·坡逸事

埃德加·爱伦·坡（1809—1849），美国小说家。

爱伦·坡被誉为侦探小说之父。他因感到不安，屡次陷入抑郁状态，离不开酒精和麻药。二十七岁时，爱伦·坡与弗吉尼亚结婚。据说因为生活贫困，冬天他会抱着家里养的黑猫取暖。妻子死后，他一度陷入半疯狂的状态。他的作品给予了波德莱尔很大的影响。爱伦·坡最终因酒精中毒，神经错乱而死。

问题

出题者：尼采

（限时 7 分钟）

我是一个大胃王。我发现派对上特地为我准备的蛋糕不知道被谁吃掉了，我非常生气。有四名嫌疑人，分别说了以下的话。

A：“是 B 吃的。”

B：“是 D 吃的。”

C：“我没吃。”

D：“B 在撒谎。”

其中只有一个人说了实话，其他三个人说的都是假话。确实是他们其中一个人吃了蛋糕，请问那个人是谁？

C。（只有 D 说的是真话）

● ☆尼采的建议

如果是 A 吃的，则 C、D 二人说的是真的；如果是 B 吃的，则 A、C、D 三人说的都是真的；如果是 D 吃的，则 B、C 二人说的是真的。以上三种情况都与题目不符。即使题目一眼看上去令人很困惑，只要依照顺序来思考，就没有那么难。这道题能够很好地训练冷静的逻辑分析能力。

● ☆尼采逸事

尼采（1844—1900），德国哲学家。

随着思想的展开，尼采的孤独感会不断加深。同时他还是个大胃王，吃不饱的话会生气，要求加餐。四十三岁的尼采已经写了十五本书，但几乎都是自费出版的，也没拿到版税，只卖出了一百来册。

　　我将我们家的窗框涂上了白色的油漆，但是总觉得窗框交叉的部分能看到黑色的污点。是我的眼睛有问题吗？

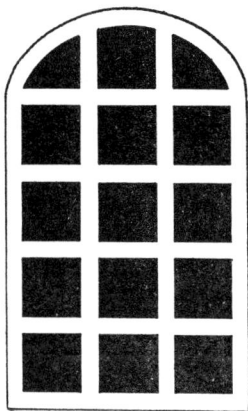

凡·高的眼睛没有问题。这是一种错觉。

☆凡·高的建议

这一现象并不是我出现了精神错乱，也不是因为我使用的绘画工具太老。人们确确实实能在窗框的交叉点看到模糊的黑点，这是一种错觉现象。精神不是自然忠实的仆人，自然也不接受精神的召唤，两者之间有鸿沟，因此便产生了错觉。

☆凡·高逸事

凡·高（1853—1890），荷兰画家。

凡·高做过画廊店员、教师、牧师等，26岁才开始画画。他深受日本的浮世绘的影响。凡·高与高更发生过争吵，后来精神失常，割下自己的一只耳朵，最后开枪自杀。他给弟弟提奥写的信有七百多封。最终，一直支持凡·高的弟弟提奥在半年之后也追随兄长而去。

在西伯利亚铁路的票价表中，有如下的表述：

"如成人的票价是偶数，则儿童票为成人票的半价。如成人的票价是奇数，则儿童票为成人票价半价的四舍五入。例如成人票价为80卢布，儿童票价为40卢布；成人票价为90卢布，儿童票价为50卢布。"

总觉得以上的表述好像哪里很奇怪，请问问题出在哪儿？

答案

"90"不是奇数。

☆陀思妥耶夫斯基的建议

如果把注意力集中在金额的变化上，就会陷入这道题的陷阱。希望读者们不要被"90"这种因语感所给予的印象所误导，要具备随时发现问题的眼光。

☆陀思妥耶夫斯基逸事

陀思妥耶夫斯基（1821—1881），俄国作家。

陀思妥耶夫斯基的父亲被农奴杀死。青年时期，陀思妥耶夫斯基因秘密结社而面临死刑，在行刑前一刻被皇帝特赦，流放到西伯利亚。获释后，他在贫困的生活中创作了长篇小说《罪与罚》，残酷而真实地描写人类犯罪后的心理。他患有癫痫，他的小说《白痴》也以此为题材。在令他失去意识的癫痫发作后，他会留下"这到底是怎么了"的记录。他总是很情绪化，让仆人做很过分的事情时，仆人会因愤怒而大叫："我也是人哪！"

问 **？** 题

　　有一天，两对夫妻受邀去 Y 先生家开假面舞会，在场的总共有三对夫妻。据我了解，X 先生的妻子与 C 夫人的丈夫、B 夫人的丈夫与 A 夫人分别是第一次见面，由于 Z 先生认识所有人，所以由他承担介绍的任务。请问，这三对夫妻的组合分别是谁和谁？

X先生和B夫人、Y先生和C夫人、Z先生和A夫人。

● ☆莫泊桑的建议

从登场人物来看，可以有六种组合方式，但是在给出的条件的框架下进行推理，就只剩下一种组合方式了。因为Z先生认识所有人，所以他不可能是B夫人的丈夫或C夫人的丈夫，据此可以知道他是A夫人的丈夫。因为X先生的妻子与C夫人的丈夫是第一次见面，因此X先生与C夫人不可能是夫妻。因此，Y先生与C夫人、Z先生与A夫人的关系也成立。

● ☆莫泊桑逸事

莫泊桑（1850—1893），法国作家。

莫泊桑晚年患上了妄想症，他将木枝插在土里，喊着："这里能长出我的子孙。"晚上，他与并不存在的狗决斗，弄得满身是血。

我死后，围绕着我的遗嘱，人们似乎起了纷争。这道题也跟遗言有关。

某个农夫死后，留下几头牛。他的遗言是："妻子得到一半加半头；长子得到剩余中的一半加半头；次子得到再剩余中的一半加半头；女儿得到再次剩余中的一半加半头。"牛一头也没有被杀死，全部分完之后也没有被余下。请问农夫一共留下几头牛？

答案

15 头。

☆**托尔斯泰的建议**

15 头牛的一半是 7.5 头，加半头的话是 8 头，剩余 7 头。7 头的一半再加半头是 4 头，还剩 3 头。3 头的一半加半头是 2 头，还剩 1 头。1 头的半数加半头是 1 头，剩余 0 头。15 头牛这个答案，应该是从 0 头开始倒过来推算的。

☆**托尔斯泰逸事**

托尔斯泰（1828—1910），俄国作家。

托尔斯泰五岁时，某一天早上在一个宽阔的庭院中散步，突然，他在某个地方停下来，呆呆地看了好半天。随后，他急急地跑回家，说："我决定了，我的墓将来一定要在那里。"托尔斯泰死后，便长眠在他幼时指定的地方。

☆**东道主的插话**

托尔斯泰的一生都在为人生的意义所烦恼，与他有同样烦恼的，是接下来要登场的舒曼。

我犯过各种各样的错误。但是，在这一页上，一共有四个错误。请问错误在哪里？

答案

在上一页，"错误"这个词确实只出现了三次。这就是三个"错误"。还有一个错误是，明明只出现了三个，却说有四个，所以，题目本身是错误的。

☆舒曼的建议

可能有些人会去看看是不是页数写错了。这道题的关键在于，认为应该不会错的地方恰恰错了，这是利用了心理上的盲点。有时候，质疑一下问题本身也是必要的。

☆舒曼逸事

舒曼（1810—1856），德国作曲家。

即使在浪漫派的作曲家之中，舒曼的浪漫程度也是屈指可数的。他的夫人克拉拉是著名的钢琴家，正是通过她，舒曼的作品为更多人所熟知。他听觉异常，同一个音他能多次听到，甚至经常形成和音。他晚上无法入睡，早上又会听到别的声音。对他来说，噪声是比音乐更美妙的声音。

问？题

有一男一女并排走路。首先，两个人一起踏出右脚。由于男性的步幅比女性大，男子走两步的距离女子需要走三步。如果最初他们同时踏出了第一步，女的踏出第几步时，两人的脚正好是同时踏出左脚？

答案

男女不可能同时踏出左脚。

男→右　左　右　左　右　左　右
女→右　左　右　左　右　左　右　左　右　左

☆波德莱尔的建议

如上图所示。相对于从最小公倍数等角度去思考，不如老老实实地在纸上写下来看得清楚。希望大家的头脑能够迅速完成在现实与抽象之间进行的思维转换。

☆波德莱尔逸事

波德莱尔（1821—1867），法国诗人。

波德莱尔的爱情与众不同。此外，他还酗酒，晚年的精神疾病也与依赖酒精有关。他自认为属于上流社会，因为"上流社会的人才能拥有金钱和时间"。他目空一切，实际上却潦倒困苦。

　　从我主张的深层心理学的角度出发，人有时会出于无意识的动机干出不可思议的事情。

　　在一个路口，如果有行人过马路的话，不管从哪个方向来的车都必须停在斑马线外等待。有一天，很多行人都在步行穿过这个路口，这时，在路口等待的一个卡车司机明知道红绿灯现在指示行人通行，却突然全速冲进人流之中。但是奇怪的是，在边上看到这一切的警察无动于衷。请问这是为什么？

答案

因为卡车司机并没有开车，也是行人中的一个。

☆弗洛伊德的建议

在我们的日常生活中，卡车的车体与卡车司机似乎是密不可分的整体。将卡车司机单独分离出来，对于僵化的头脑来说是极其困难的一件事。

☆弗洛伊德逸事

弗洛伊德（1856—1939），奥地利精神病学家。

弗洛伊德认为，精神病的诱因是被压抑的性欲。在这一假说的基础上，他试图说明所有的精神异常现象。有一次，他突然想不起一个长期在他那里看病的女患者的名字。他努力思考为什么会这样，得出的结论是：意志是记忆和忘却的基础。他将该女患者的胃溃疡误诊成精神病，自己对此极其厌恶，以至于希望忘却，因此导致了他的失忆。

问？题

我的精神在俗人看来是异常的。

有一对姐妹花。姐姐在中午之前说的都是真话，在中午之后说的都是假话。妹妹正相反，中午之前说的都是假话，中午之后说的都是真话。一个慕名而来的来访者问："你们俩谁是姐姐？"胖的那个说："我是。"瘦的那个也说："我是。""现在几点了？"来访者继续问道。胖的那个说："马上到中午了。"瘦的那个说："已经过十二点了。"请问，现在是上午还是下午？并且，她们两个到底谁是姐姐呢？

上午。胖的那个是姐姐，瘦的那个是妹妹。

☆叔本华的建议

　　如果假定现在是下午的话，因为姐姐在下午说的都是假话，所以姐姐（虽然现在还不知道谁是姐姐）应该回答："我不是姐姐"。因为没有出现这个回答，所以现在一定是上午。既然知道是上午，因为姐姐说的是真话，可知胖的那个是姐姐。对于这样的问题，需要明白其推论的形式和构造。只要找到突破口，就很容易解答。

☆叔本华逸事

　　叔本华（1788—1860），德国哲学家。

　　叔本华讨厌黑格尔，称黑格尔为"有智慧的野兽"。他主张世界的根本是由意志决定的，倡导厌世哲学。由于发生了多次受他的影响而产生的自杀事件，他发表了以"自杀是道德的沦落"为内容的论文，但是，他的一个弟子因反对他的主张而自杀。

6. 卓别林的房间

俱乐部邀请函

天才具有的特征之一是"否定现状的精神"。无论是在艺术的世界还是在科学的世界，天才的工作都是从根本上对既定的存在进行怀疑，将其推翻，之后重新出发。他们挑战一切权力、一切常识，否定它们并破坏它们。

正是因为如此，他们被当时的权力机构打压，受尽世间的非难。有的被投入监狱，有的被杀害。即便如此，他们还是凭借顽强的意志力及不屈的信念坚持到最后，直到最终改变了历史的方向。

如果用别的词来形容的话，他们可谓充满了彻底的"冒险与叛逆精神"。我们将这样的天才集中于此。

在这个房间里，让谁来做东道主是个大问题。其他房间都是或现实或虚构的人物来做东道主，但在这里，我们想让同时存在于现实与虚构两个世界中的主人公登场。

于是，卓别林登场了。他喜出望外地接受了这个任务，在这个房间里寻找与之相称的异想天开的题目。

　　大家应该都看过我演的电影《大独裁者》吧？现在也有一位独裁者，他逮捕了邻国的一名预言家，对预言家说了如下的话：

　　"我打算对你执行死刑，在行刑之前，你可以对即将发生的事做出预言。如果你的预言说中了，你会被枪杀；如果说不中，你会被绞杀。"

　　聪明的预言家做出了他的预言，逃过了一死。请问预言家说了什么？

预言家说：

"我会被绞杀。"

● ☆卓别林的建议

　　如果预言家说"会被绞杀"是真的，他就应该被枪杀，但是枪杀又与预言不符，他就应该被绞杀。结果，无论用哪种方法都无法对他行刑。

● ☆卓别林逸事

　　卓别林（1889—1977），英国电影导演。

　　卓别林从中国旅行回国之后，朋友为他举行了一场欢庆宴会。在会场中，他对前来迎接的中国男孩悄悄耳语道："我用中文和你说话。即使你听不明白，也请装成好像能听懂的样子和我说话。"于是那个男孩和他用中文一问一答，煞有介事。宾客们都觉得，才短短两三周的时间，卓别林的中文居然已经说得这么好了，果然是天才。殊不知，他在演技上才是天才呢。

问？题

我的冒险欲极其旺盛，只要有任何可能，我都想挑战一下。

某一天，我挑战了这个问题：这里有一张纸，大小如右图所示。我想从当中钻过去，请问该怎么做？

答案

如图所示把纸裁开，就能钻过去。

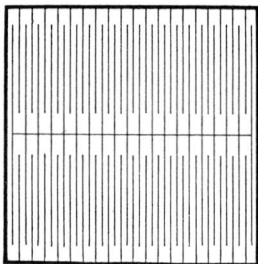

- ☆哥伦布的建议

  这是一道自古以来就广为人知的题目。将从字面上看起来不可能的事情变成可能，就一定要进行大胆的联想。即使不能完全答出，尽量在通往正解的道路上前行，也是很重要的。如果能够想到脱离二维空间，就是相当了不起的了。

- ☆哥伦布逸事

  哥伦布（约1446—1506），意大利航海家。

  哥伦布相信托斯卡尼里绘制的错误的世界地图，并且被中世纪的思维方式所支配，认为自己从神那里接受了使命。这种因错误和迷信而产生的顽固动力却使他成为一大发现者。不过，他并不知道自己发现的大陆是美洲新大陆，也没能将与航海投资者约定的黄金带回来，他带回的只有烟草和梅毒。

问？题

我在访问日本的时候，在一家文具店询问了某个物品的价格。得到的回答是："五个的话 200 日元，五十个的话 300 日元，五百个的话 300 日元，五千个的话 300 日元，五万个的话 300 日元，但是五十万个的话 400 日元。"请问我要买的到底是什么物品？

![答案]

写着"五""百""个"等字的牌子，一块牌子100日元。

☆萨特的建议

本题考察的是从哪里切断按顺序思考"五""五十""五百""五千""五万"时的惯性思维，以及如何从中发现其新的性质。要对"五百""五千""五万"这样的数字所具备的性质有更多方面的认识。

☆萨特逸事

萨特（1905—1980），法国哲学家。

在私生活上，萨特抗拒中产阶级的结婚制度，却与女哲学家波伏瓦形成非正式的婚姻。他是这样为出轨寻求借口的："我们的恋爱是必然的，但是也需要经历偶然的恋爱。"

问？题

我在长期的监狱生活中经常想象这样的场面。如图所示，国王将一枚金币和一枚比金币大的银币放进一个小的红酒杯，对犯人们说："谁能不用手，也不用任何工具，将金币从杯子中取出，我就让他重获自由。"有什么好办法吗？

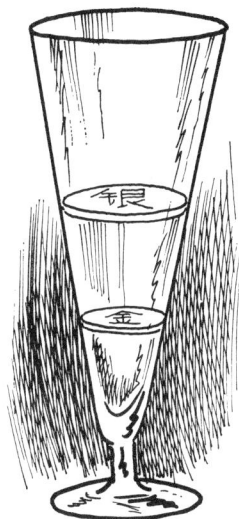

答案

沿杯子的边缘向里使劲吹气，使银币快速旋转，直到金币飞出杯子。

金

银

● ☆萨德的建议

回答设有假定条件的问题，首先要将不满足条件的办法彻底排除掉。然后，开始摸索剩下的办法。这种情况下，如果能沿着"将杯子慢慢倾斜"这一单纯的想法继续思考，就离注意到吹气这种方法不远了。

● ☆萨德逸事

萨德（1740—1814），法国文学家。

萨德具有冷静而透彻的眼光，却大胆地将潜藏于内心的想法付诸实践。他的一生的三分之一是在监狱中度过的，他的小说也基本都是在狱中完成。因批判拿破仑，他被关进精神病院，最终死于精神病院中。

问?题

我是在能看到哈雷彗星的时代出生并死去的。由于对天空抱有特别的梦想，我出的问题与热气球有关。

现在，有五对夫妻要乘上热气球。其中三对夫妻没有孩子，另外两对夫妻每对有三个孩子，共计六个孩子。这个热气球最多能搭载十二个人，但是所有的人都乘上了气球。请问这是为什么？

考虑到承重的问题，对于小学生以下的孩子，规定三个小学生可作为两个大人计算。

![答案]

一共只有十个成人。两对老夫妻各自带着三个孩子，而这六个人互为夫妇。

- ☆马克·吐温的建议

  牢牢抓住"孩子"这两个字的明确意义。这个词有双重含义，其一为字面义，指的是小孩子，其二指亲子关系中的孩子，与年龄无关。但我们一提到"孩子"，会立即联想到是小孩子。词语所持有的含义与一般的印象之间的差异，正是这道题的陷阱所在。另外，请大家思考这道题还有没有其他可能的答案。

- ☆马克·吐温逸事

  马克·吐温（1835—1910），美国小说家。

  马克·吐温出生的时候，正好是能看见哈雷彗星的那一年，因此他说："我死的时候，会和哈雷彗星也会一起离去。"被他说中了，他死的时候，哈雷慧星又出现了。

问？题

我对于研究战术很感兴趣，所以来出一道有关国际象棋的问题吧！

在国际象棋中，有一个棋子是"皇后"，它在横向、竖向、斜向上都能行进。现在，在棋盘上摆八个"皇后"，并且使它们不能互相攻击，即任意两个"皇后"不能处于同一行、同一列或同一斜线。现在已经摆了三个"皇后"，请问剩下的五个该摆在哪里？

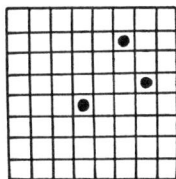

答案

如图所示。

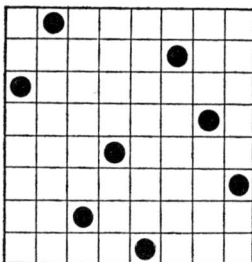

☆丘吉尔的建议

将已被指定的三个"皇后"的横、竖、斜线用颜色涂掉后再考虑这个问题，就变得很容易了。根据本题所指定的位置，只有上图这一种解法。但是，如果是在国际象棋的棋盘上自由摆放的话，有九十二种解法。如果把翻转之后排列相同的情况去除的话，就只剩十二种。不受任何约束地思考也是一件很有意思的事情吧！

☆丘吉尔逸事

丘吉尔（1874—1965），英国政治家。

丘吉尔的才能是从他多次失败的行动中磨炼出来的。从十八岁到二十六岁，丘吉尔与死神擦身而过的事件就达十一回。从军之后，丘吉尔有四次因为飞行事故掉落海中；在埃及随军期间，他曾纵身跳入敌军的战壕中。

问 **?** 题

尽管犯人还在犯罪现场，但是我给他家里打电话的时候，他居然接了电话。他家距离犯罪现场有 1 千米以上的距离。请问他是怎么制造出完美的不在场证明的？

犯罪现场

1千米以上

犯人

答案

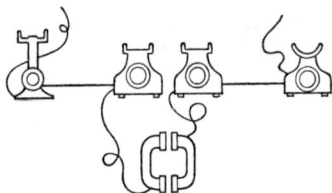

犯人的家里有两部电话。我打到他家里的时候，他的妻子立刻用另外一部电话拨通了犯人所在处的电话，随后将两个话筒放在一起，实现了通话。

● ☆罗宾的建议

　　这是在侦探小说中出现过的诡计。

● ☆罗宾逸事

　　亚森·罗宾，莫理斯·勒布朗（1864—1941）笔下的法国侠盗。

　　罗宾之所以充满活力，因为他有通过锻炼而来的轻巧的身体和可以改变相貌和声音的变身术。他自己也不知道哪个才是真正的自己，并因此不知所措。罗宾用自己的力量一次次化解疑难事件，却在婚姻中屡屡受挫，他的几次婚姻均以失败告终，晚年在栽种玫瑰中寻找到了生活的意义。

● ☆东道主的插话

　　我也结过几次婚，因此我十分理解罗宾的心情。所以接下来，我打算让胸口插着绿色康乃馨、在伦敦街头悠闲踱步的王尔德登场。

？问题

我就读的牛津大学的一个班里要选出三名委员。每个人投一票，票数最多的前三名当选。班级中一共有四十九人，其中有七名候选人。请问，最低获得几票才能确保当选？

答案

十三票。

☆奥斯卡·王尔德的建议

如果只有一人能当选的话，他需要获得二十五票。也就是说，需要过半数才能当选。如果是两个人的话，票数比人数的三分之一多就可以。如果三人当选的话，比四分之一多就可以，因此答案是十三票。本题的关键在于要注意到不是需要三分之一以上的票数，而是需要四分之一以上。

☆奥斯卡·王尔德逸事

奥斯卡·王尔德（1854—1900），爱尔兰诗人、剧作家。

王尔德对于工业革命以后的机械化时代十分反感，他追求人生的艺术化，甚至对违背道德加以赞美。之后，王尔德因风俗罪被判处两年牢役。这期间，他创作了杰作《狱中记》。刑满之后，他逃往法国，在巴黎的小旅馆中苦闷而死。他说，他将自己的天才运用在生活之中，而作品只不过是运用了才华而已。

问？题

　　我的好奇心比一般人强一倍。有一天，我做了这样的实验：把同样宽度、同样长度的两张纸条折成两个圈，在如图所示"P"的位置将它们粘在一起。现在，沿虚线剪开纸环并展开，会成为一个什么样的形状呢？

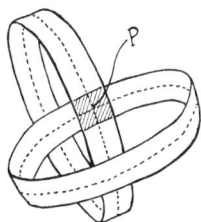

如图所示的正方形。

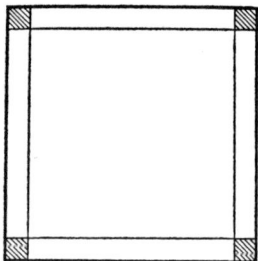

- ☆**海明威的建议**

  除非是这方面的专家，否则很难仅凭头脑就得出这道题的答案。亲自动手做一下会比较快。无论如何，能够带来各种各样变化的创作是很有意思的。从圆中突然出现了四边形，这不得不让人感到惊叹。判断一个人是否具有创造性，就看他是否具有"发现惊奇的能力"了。

- ☆**海明威逸事**

  海明威（1899—1961），美国作家。

  海明威的母亲在他幼年时，就将他和另一个女孩当作双胞胎养，让他们穿一样的衣服，扎一样的辫子。从第一次世界大战、西班牙内乱，到第二次世界大战，海明威的一生都在战乱中度过。这样的经历造成了他性格的矛盾性，最终，他用猎枪结束了自己的生命。

问？题

我用"数着'1、2、3'，跳到河对面"的心境在德国革命中努力活了下来。那么，使用"1""2""3"这三个数字能组成的最大数是多少？

答案

3^{21}。

我逮捕了五个嫌疑人，他们互相指认后，各自得出了如下结论。

A：这五个人中有一个人在说谎。

B：这五个人中有两个人在说谎。

C：这五个人中有三个人在说谎。

D：这五个人中有四个人在说谎。

E：五个人都在说谎。

其中，只有说了真话的人才能被释放。请问几个人被释放了？

一个人。只有 D 被释放了，其他人都在说谎。

☆波洛的建议

要解开这类说谎的问题，如下的假设是名侦探的有力武器。

先假设 A 说的是真的，那么其余四个人中一定有三个人说的和 A 一样，因此 A 在说谎。同理，可以排除 B、C。因此，只有 D 说的是真话。如果 E 说的是真话，与他自己说的"都在说谎"自相矛盾。

☆波洛逸事

波洛，阿加莎·克里斯蒂（1890—1976）笔下的比利时侦探。

波洛对于衣服上的瑕疵甚至比弹孔还要在意。他是个小个子，看上去有点儿装腔作势。他有些谢顶，脑袋被"灰色的脑细胞"覆盖着。他认为"真相只能从内部被发现"。他是个努力的人，但是多少有点儿躁郁症。

7. 爱迪生的房间

俱乐部邀请函

康德曾说过："不存在能创造出天才的教育。"这句话道出了"天才"的本质。

所谓天才，说到底，大多对社会缺乏适应性。他们的成就大多本身就建立在对社会现状的否定上。

与此相对，所谓教育，就是以培养适应社会、对社会有用的人为目的的。其主要内容是传达被当时所认可的文化价值及文化财产。因此原则上，教育会从根本上排除否定这些文化的理论或是行动。

正因为如此，不可否认，真正改变了历史的创造者难以在当时社会框架下的教育体系中生存下来。这个房间里集中了通过"自学"成为集大成者的天才，"自学"的含义也与天才和教育的本质相关。

集中在这里的天才也包含了依靠努力的"秀才"型人物，但是他们的成就中，如果存在否定由教育带来的知识和理论的内容，就也被准许进入这个房间。

问❓题

对于如同我一样没有受过正规教育的人来说，接下来的问题反而会比较简单，不知道诸位觉得如何。

1、12、1、1、1、2……接下来是什么？

答案

这是老式挂钟的报时声，"1"是半点的时候的钟声，所以接下来是1、3、1、4……

☆易卜生的建议

当各个数字之间找不到共通的要素时，要往非一般的方向考虑。平时常见的东西也可能用数字这一抽象概念来表现，"从抽象到具体"的视角的转变也是很重要的哟！

☆易卜生逸事

易卜生（1828—1906），挪威剧作家。

易卜生的体内流着丹麦人、德国人、苏格兰人的血液。由于家庭破产，他没有接受过正式的教育，而是给药剂师当了学徒。二十二岁时，易卜生创作了处女作《卡提利那》。他的代表作《玩偶之家》针对妇女问题，从个人主义的立场强烈批判了社会。易卜生喜欢孤独，朋友极少。他在信里写道："……朋友是要花钱得到的奢侈品，他们只会带来麻烦……"

我对神秘主义充满了憧憬，因此有一个关于折纸的问题。

这里有一张长方形的纸。不使用任何道具，只是通过折叠就能将其中的一个直角三等分，该怎么做呢？

答案

先将长方形对折，然后如图所示，将"B"折到折线上。

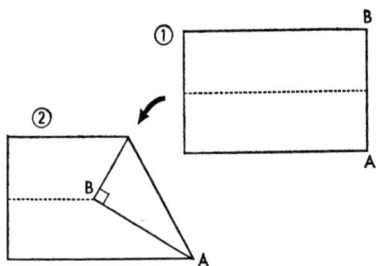

①
②

● ☆毛姆的建议

这道题虽然非常难，但是通过一次次的尝试，便可创造出这种超越理论的造型之美。说句题外话，经常玩折纸游戏的孩子可能会比大人更容易解开这道题。折纸，是用图形的概念来把握量的概念。

● ☆毛姆逸事

毛姆（1874—1965），英国小说家。

毛姆对于神秘主义甚为憧憬，他擅长精密的描写，如同绘画一般。无论身体如何不适，他每天都要在打字机上敲出些东西来。有了灵感当然立即要写下来，没有灵感的时候，他就在打字机上连续敲三十分钟"萨默塞特·毛姆"，也就是他自己的名字。他说："我能成为作家，因为我用了这样的方法。"

以前的非洲没有高速公路，于是欧洲的某个国家向那里提供了一套高速公路的方案。所有的道路都是靠右行驶，共有七个出入口。无论从哪个出入口进去，都能从任意一个出入口出来。因为是高速路，所以车辆只能单向行驶，禁止掉头或倒车。如图所示的开法也是不被允许的。但是，从这张图来看，总觉得哪儿不对。请问问题出在哪儿？

答案

无论从哪里进入，都出不去。

☆施韦泽的建议

这道题是对于数学领域的拓扑学的应用。这虽然是一个明显存在失误的道路设计，却与我们思维的受阻状态何其相似！要想走出死胡同，我们有必要采用列思维清单等技术。

☆施韦泽逸事

施韦泽（1875—1965），法国医生。

施韦泽喜爱巴赫并演奏巴赫的作品，他也是一位非常欣赏歌德的人。施韦泽说："三十岁之前学习学问与艺术，然后直接为人类工作。"因此，他去了非洲，成为"密林的圣者"。骑着自行车穿梭于各地的他却并没有受到当地人友好的对待。他们说施韦泽连跑的时候都坐着，真是懒怠的白种人。

我是一个天生的美术评论家，我的评论犀利且深刻。某一天，我看到一幅画着苹果的画，于是我想到了下面这个问题。

如果将苹果皮以一定的宽度削下来，为了不让苹果皮中途断掉，尽量要削得平整光滑。请问削下来的苹果皮是什么形状？

答案

如图所示。

● ☆萧伯纳的建议

● 　　我们的身边有时隐藏着能够让我们目瞪口呆的美。培

● 养敏锐感知这类事物的能力，能帮助我们逐渐拥有创造性

● 的思维。

● ☆萧伯纳逸事

● 　　萧伯纳（1856—1950），英国作家。

● 　　看过萧伯纳剧评的人对他说："你过于严苛了，是个冷

● 酷的人。"萧伯纳回应道："如果你看过我的原稿，看过誊

● 稿时删去的部分，就应该明白我内心的温暖。"后来，舞蹈

● 家邓肯爱上萧伯纳，她对萧伯纳说："你拥有这世界上最完

● 美的脑子，我拥有这世界上最完美的身体，我们有责任和

● 义务去生一个完美的孩子。"萧伯纳回答："但是很可能我

● 们的孩子继承的是你的大脑和我的身体。"

问？题

我在法国南部旅行的时候看到这样一个人：他用两米左右的绳子做了一个圈，如图所示，将手臂从中穿过，手紧紧捏住背心的下摆。现在有两个条件：①不能弄断绳子；②不能剪断或脱下背心。要遵守这两个条件并把圈取出来，请问该怎么做？

答案

如图所示。

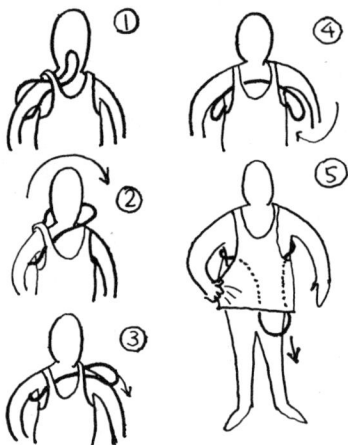

问？题

　　我对世界各地的民谣感兴趣，因此出一道和演奏民谣的三角铁有关的问题吧。

　　这里有一个正三角形，加上三根直线，能不能搭出十五个以上的三角形？

如图所示（一共有十七个）。

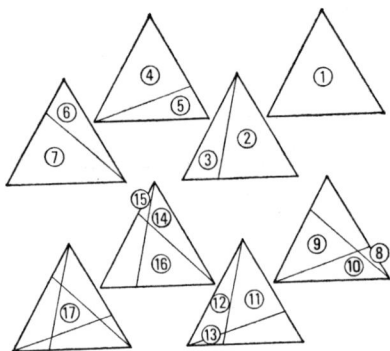

● **☆福斯特的建议**

乍一听到"十五个"会觉得不可思议，但是实际动手做做看却会发现答案意外的简单。希望读者们对重叠的三角形不要视而不见。像这道题这样，任何一根直线都能被有效运用的例子并不多。

● **☆福斯特逸事**

福斯特（1826—1864），美国音乐家。

两岁时，福斯特不仅用吉他把姐姐弹奏的曲子弹了出来，还演奏出了和音。他几乎没有接受过正规的音乐教育，但随着年龄的增长，他还学会了钢琴和长笛。年轻的时候，为了帮助一个男子，福斯特在斗殴中被刀刺伤了面颊，那个伤疤直到他三十七岁在纽约的公寓中去世时，还留在脸上。

问？题

有一个男子给他的妻子和未出生的孩子留了这样一封遗书："如果生出来的是男孩，将我财产的 1/2 留给孩子，剩余的留给我的妻子；如果是女孩，将财产的 1/3 留给孩子，剩余的留给我的妻子。"但是，妻子生出来的是一对龙凤胎，那么该如何分配财产才能不引起争议呢？

妻子分得财产的 2/5，男孩分得 2/5，女孩分得 1/5。

☆**海顿的建议**

总而言之，妻子与男孩所得财产的比例是 1：1，妻子与女孩所得财产的比例是 2：1，这是唯一的思考路径。因此将财产按照 2：2：1 的比例来分割就可以。这样的问题考查的是如何抓住问题的本质：把握现象，然后追问支撑它的到底是什么。

☆**海顿逸事**

海顿（1732—1809），奥地利作曲家。

海顿出生在贫困的造车工匠的家里，兄弟姐妹有十二人。他以自学出名。海顿的妻子是罕见的恶妻，她四处借债，把海顿的终身养老金挥霍殆尽。海顿遗书中的内容大部分与遗产的分配有关，计算方式极其细致，有多达五百条条款。

问？题

十三岁的时候，我就开始了一边在火车站卖报纸一边学习的生活。那时候，某个火车站的专用铁路线如下图所示。干线"YZ"上停着车头"L"，两条支线上分别停着货车厢"A""B"。支线在"X"区域重叠，那里一次只能进一辆货车，而车头根本进不去。干线的左右两端距离足够长。

现在想利用"L"将"A""B"的位置互换，然后再让"L"回到原来的位置，请问该怎么办?

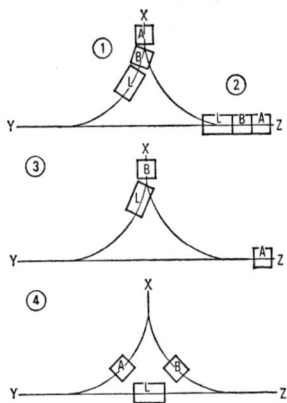

先用车头"L"将"A"推入"X"，随后"L"退回干线，推动"B"使之与"A"相连（图①）。三辆车返回干线，向"Z"方向推进（图②）。然后，将"A"分离，"L"经过"Y"将"B"推入"X"（图③）。"L"退回，将"B"拖入"A"原来的位置后分离，再将位于"Z"处的"A"经过"Y"移到"B"原来的位置（图④）。

☆爱迪生的建议

如果能想到用车头牵引连在一起的两列货车厢，然后将其中一列分离，这类问题就很容易解决。

☆爱迪生逸事

爱迪生（1847—1931），美国发明家。

爱迪生七岁入学，但是据说连二加二等于四都不知道，于是被撵出了学校。之后，母亲担负起了教育爱迪生的重任。十一岁时，爱迪生就建立了地下实验室，热衷于实验。

关于金钱，我一向持稳健的态度。

艾克向本借了 10 美元，本向查理借了 20 美元，查理向迪克借了 30 美元，迪克向艾克借了 40 美元，四个人形成了一条债务链。

某一天，四个人聚在一起，打算趁这个机会把借的钱清算一下，怎么做才能动用最少的资金完成全部的还款呢？

答案

　　本、查理、迪克各自拿出 10 美元给艾克。这样做的话，动用的资金总额才 30 美元。否则，将动用 100 美元。

　　● ☆福克纳的建议
　　● 　　本的资金借出和借入的差额是 10 美元，所以只要把这部分钱拿出来就可以。查理和迪克也是如此。只有艾克的差额是 30 美元，所以他将这笔钱收入即可。复杂的问题经过整理，可以变得非常简单。希望读者们能养成将收集来的信息加以整理并思考其本质的习惯。

　　● ☆福克纳逸事
　　● 　　福克纳（1897—1962），美国作家。
　　● 　　福克纳作为义勇兵参加了第一次世界大战。大学退学后，他辗转尝试了各种职业。他的作品多围绕密西西比展开，关注现代社会的底层人民，描写他们的颓废及绝望。他每晚必饮酒，因为"一天结束的时候喝点儿酒对于一个健康的男人来说是理所当然的"。偶尔，他也会喝大量的酒，给人以颓废之感，但他在现实生活中是个很严肃认真的人。

问 **?** 题

在日本，学习英国文学的人中有近一半的毕业论文写的是对我的研究。但是，英国文学的起点却是英文字母。如图所示，这里排列着几张用英文字母书写的卡片，请问白色的那张卡片里应该填哪个字母呢？

O
T
T
F
□
S
S
E
N
T

答案

F。这是英文"One (1)"到"Ten (10)"的首字母排列。

☆莎士比亚的建议

在文字的框架中思考这道题，是很难解出来的。将字母和数字的顺序结合起来思考并不是那么容易的事。解答这道题需要能够自由切换思维的大脑。

☆莎士比亚逸事

莎士比亚在十三岁时经历家道没落，他不得不辍学。据说他同时结识了两位好友，一个美男子和一个唱着"所有男人都是船的港湾"的黑发女子，后来，他们两个结婚了，而十八岁的莎士比亚与比他年长八岁的女子结了婚。到了伦敦后，莎士比亚在剧场里从为观众当马夫做起，脚踏实地，最终成名。但是，也有人怀疑他的作品的真实作者是哲学家培根或是戏剧诗人马洛。

8. 福尔摩斯的房间

俱乐部邀请函

世间的天才，多数在其少年时期就显示出了超群的能力，据说有人甚至尚在摇篮中就会作诗。但是，天才中，大器晚成的人也不少。特别是在求学阶段，成绩相当差的人也有。

与在学校中的能力无关，天才的思考与行为方式常常无法被凡夫俗子所理解，也经常会受到周围人投来的轻蔑的目光。直到天才的才能显示出来并被认可之后，他们才会被称为大器晚成的天才。

这个房间里人才济济。有数学家、科学家、画家到革命家等不同领域的天才，数量相当壮观。要从他们之中选出东道主是个难题。最终，约三十岁才初次出现在世人视野中的福尔摩斯当选。

问？题

我找到一块如图所示的中央有一个洞的板。我想将这块板切成两块，重新拼接后，将洞的位置移到如图所示的位置，做成一块调色板。请问该如何切割？

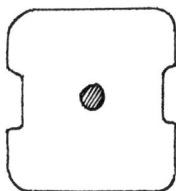

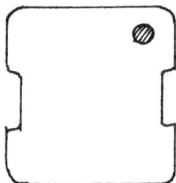

答案

例如：

①切下一块细长形的板，将它翻转之后嵌入。

②切下与中央的洞相同大小的圆，嵌入中央的洞中。

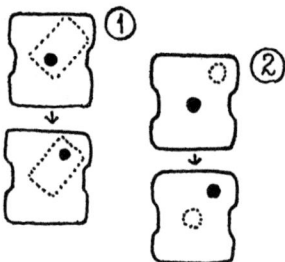

● ☆米勒的建议

　　本题在于考察你头脑中"一刀切成两段"的固有观念能得到多大解放。不过，用锯条切出洞的这个想法可以说是相当大胆的。

● ☆米勒逸事

　　米勒（1814—1875），法国画家。

　　米勒出生并成长在贫困的农民家庭。他总是手拿各种书籍，一有空就看，常被"高大的山脉落下了它的影子"之类的诗句深深感动。米勒描绘的农村风景并不被认可，他的生活贫困潦倒。某一日，他的身上只剩下了两法郎，这时，他的画家朋友西奥多·卢梭来访，说"我把你的画卖给了一个美国人"，并给了米勒一大笔钱。其实，把画买下来的是卢梭自己。

在研究遗传学的时候，我对于长相相似的人很感兴趣。

有一天，来了两个长相相似的女性。询问之后知道，他们有相同的父亲和母亲。居住的地方和出生的年份也相同。但是，她们俩不是双胞胎，也不是多胞胎之中的两个。那么，她们两个人到底是什么关系？

答案

是姐妹。两个人出生在同一年的一月和十二月。

☆孟德尔的建议

一年之内生两个孩子，这在现实生活中是极为罕见的，因此成了思维的死角。从经验中解放出来，并且在现实的世界中寻找意外之处，看起来像是假的，但真相便就此诞生。

☆孟德尔逸事

孟德尔（1822—1884），奥地利植物学家。

孟德尔三十四岁时才开始他的研究。他的著名的豌豆实验做了长达八年的时间，经过了两百多回人工交配，获得近一万三千个杂交品种。但是，这项研究在孟德尔死后十六年才被世人所认可。他本人——几乎可以被称作孟德尔式遗传的活标本——死于遗传的肾脏病。此外，由于他患有肥胖症，医生建议他抽烟，因此他每日要抽二十支烟，直到最后慢性尼古丁中毒。

问？题

　　我创作了作品《思想者》，但是对于一些事情，我越来越觉得不可思议。

　　在街角，男子 A 与男子 B 互不认识。A 对 B 说："如果你有 100 日元的话，能不能借给我一枚？我马上就能还给你。" B 给了 A 100 日元，A 去买了什么东西，然后马上把两枚 50 日元的硬币还给了 B。请说明 A 为什么会有这样奇怪的举动。

A 有 100 日元和 50 日元的硬币各一个，他想买 150 日元的烟。但是，自动售货机只接受 100 日元的硬币。因此，他借来了 100 日元的硬币，将总共 200 日元投入自动售货机，买了烟，将找零和他身上原有的 50 日元一起还给了 B。

- ☆罗丹的建议

  在日常生活中，有一些可作为智力问答题的很棒的素材。如果能够敏锐地发现这些素材，也算是进行了很棒的头脑体操训练。各位可以挑战一下。

- ☆罗丹逸事

  罗丹（1840—1917），法国雕塑家。

  做修女的姐姐死后，罗丹一度心灰意冷，进入修道院，但最终还是重新走上学习雕塑之路。他没有被贫困的生活压倒，终于在五十岁时被世人认可。《青铜时代》无疑是完美的作品，但被人们怀疑是直接用人体浇铸而成。《穿着睡衣的巴尔扎克》，是罗丹一生作品中的顶峰。

问❓题

我坐过好几回牢。有一次，我遇到一个黑手党，他成功诱拐了一名社长，并将其投入地牢，单独关了起来。地牢的入口只有一个，并且整个晚上都有守卫，没有异常状况。第二天去看的时候，除了社长以外，竟然还多了一个男的。请问这个男的是怎么进来的？

答案

怀孕了的社长生了一个儿子。

☆东道主的插话

对不起呀！

☆卡萨诺瓦的建议

与其说是"进来"，不如说是"出来"吧！跳出"社长是男的"这一常识的框架，才能体现人类头脑应该具备的柔软度。

☆卡萨诺瓦逸事

卡萨诺瓦（1725—1798），意大利冒险家、作家。

卡萨诺瓦因《我的一生》而出名。他擅长占星术、炼金术、赌博，精通德语、法语、俄语。在巴黎，他成了一名富翁；在柏林，他遇到了普鲁士国王腓特烈二世，成了一名舍监；在俄国，他建议叶卡捷琳娜女皇修改历法；在威尼斯，他作为政府的间谍活跃在历史舞台上。其间，卡萨诺瓦数次入狱、出狱，有时，他无家可归如同流浪汉。他秉持着"人类如果不相信自己是自由的，那就已经失去自由了"的信念行动。

问?题

我自己的房间里挂着一个特制的画框。乍一看就是个普通的画框，但是第二天再看的时候，发现画框中的风景没变，只有那对恋人消失不见了。当然，我没有更换过画，也没有把恋人的部分切割下来。这到底是怎么回事呢？

答案

画框中就是现实中的景色，画框就相当于窗框。

- ☆塞尚的建议

  这道题敏锐地击中了我们容易陷入的思维弱点，只依赖于头脑或者只依赖于眼睛都不够，需要训练用眼睛"思考"。

- ☆塞尚逸事

  塞尚（1839—1906），法国画家。

  塞尚中学时与文学家左拉相识。之后，左拉以他为原型发表了小说，主人公是个屡遭失败的不幸的画家。塞尚大怒，与左拉绝交，三十年交情戛然而止。塞尚坚持"自然是由球、圆柱和圆锥构成的"，他的画风直到晚年才被认可。他画一幅作品需要一年甚至两年，不满意的时候，就会将画作扔进灌木丛。

问**？**题

　　我擅长物理和数学，但是对于这个由火柴组成的公式就不太明白了。

　　作为罗马数字来看，它好像是"1+11=10"的意思。为了让公式成立，最少需要移动几根火柴？

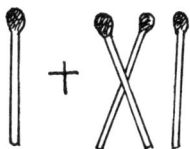

答案

0根。将这张图倒过来看，就是"10=9+1"，所以完全不需要移动。

☆阿基米德的建议

"I+IX=X""I+X=XI"这些回答比较容易被想到，这时要反问自己"真的只能这样吗"。问的是"最少需要移动几根"，容易想到的回答是"一根"，但其实，完全不动才是"最少"呢！

☆阿基米德逸事

阿基米德（公元前287—公元前212），古希腊数学家。

阿基米德临终前的场景非常具有戏剧性。叙拉古战败时，他正在地上绘图解题。阿基米德请求士兵们让他解出这道题之后再逮捕他，士兵们没有同意，冲上去把他杀了。直到死的那一瞬间，阿基米德还没有放弃对真理的追求。他被奉为欧洲理性主义的鼻祖。很长一段时间被世人遗忘的他，直到死后两千年，才重新被世人记起。

☆东道主的插话

聚会临近尾声了。各位也不要输给天才，试着出一些好题吧！

问 **?** 题

计算器边上有一张奇怪的纸片。其实，这是华生出门时给我的留言。他到底想要告诉我什么？

101×5

答案

用计算器计算的话,"101×5=505",也就是"SOS"。他是向我求助呢。

一听到我的名字，很多人就会想到直角三角形，不过今天我要出一道关于正方形的问题。

在正方形的土地上使用两根直线，将其分成四个同样形状、同样大小的四等分。如图所示的分割方法是一例，请想出其他还有什么方法。

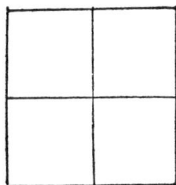

答案

有无数种方法。

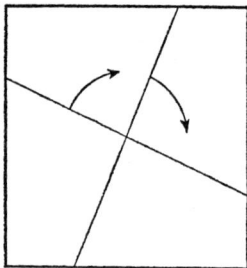

- ☆毕达哥拉斯的建议

  两根垂直的直线在正方形的中心相交，使其转动起来，任何瞬间都能获得全等的四个图形。这个答案说出来之后好像没什么，但是要想到却意外的难。

- ☆毕达哥拉斯逸事

  毕达哥拉斯（公元前582—公元前500），古希腊哲学家。

  四十岁时，毕达哥拉斯创建了毕达哥拉斯学派，成员研究素食、音乐、数学以追求灵魂的净化。在埃及旅居期间，他遇见一名在土地上圈绳定界的人，那个人教给他用绳子测量3∶4∶5的直角三角形。毕达哥拉斯发现勾股定理后，将"百头公牛"奉献给神明，以示感谢。据说，之后毕达哥拉斯在巴比伦游历，还见到了琐罗亚斯德。毕达哥拉斯是演绎论的创立者。